杨式太极拳

郝明之 主 编
吴 强
郝 磊 副主编

齊魯書社

李雅轩

刘仲桥

郝冠儒

郝明之

前排:郝明之　后排(左起):郝 磊　吴 强

济南市杨式太极拳推手培训班合影

收徒仪式合影

推手演练

郝明之先生率弟子晨练

引 言

太极拳是中国传统的武术拳种之一，相传为宋末辽东懿州人张三丰所创。后经不断演变改进形成很多流派，尤以陈、杨、武、吴、孙、赵堡六流派最为流行。太极拳发展至今，已成为一种具有浓郁民族特色，融健身与技击为一体的体育项目，深受广大群众的喜爱。

杨式太极拳源于河南省温县陈家沟的陈式太极拳，为清代拳师河北永年人杨露禅所创。经其祖孙三代刻苦钻研、反复磨炼，由小架演变出中架、大架，由第三代传人杨澄甫定型。杨式太极拳以静御动，既可以怡养性情，又可以强身益寿，男女老幼皆宜演练，所以不仅在国内习者愈来愈众，而且在国外也广为流传。

郝明之老师自青年时代就拜杨式太极拳在济南地区的第五代传人刘仲桥先生为师。刘仲桥先生是杨式太极拳第四代传人李雅轩先生的高徒。李雅轩老师是杨澄甫大师所喜欢的高足。郝明之老师长期跟随刘老师练拳，后来又在刘老师指导下授拳，深得杨式太极拳真谛，是杨式太极拳在济南地区的第六代传人。郝老师个人演练和授拳忠实于杨澄甫大师晚年所定型之杨式太极拳大架，注重体会老拳谱的拳理，功夫纯正深厚。郝老师性情温和，为人忠厚笃实，故从学者甚众。郝老师收徒有教无类，授拳诲人不倦，既传拳艺，又教武德，深受同辈及徒弟们的敬重和爱戴。

郝老师年事虽高，但依然身手矫健、思路敏捷，每天清晨教拳长达两三小时亦无倦意。郝老师现任济南市杨式太极拳研究会会长，为传播和弘扬杨式太极拳这一中华武术奇葩，已是耄耋之年的老人亲自执笔，将毕生的练拳体会、拳械套路的练法、用法，撰写成书，奉献与后学者。其举动、其精神、其心愿，令我感奋不已。于是写了以上这些话，权作引言。

王守为

2001 年 9 月于泉城

自 序

我年幼时不懂武术，也从未接触过太极拳。青年时期生了一场大病，一种奇特的暴发性痢疾，高烧四十余度，住省城一家大医院治疗，但久治不退烧，滴水不能进。省城各大医院的专家前来会诊，用尽各种药物均无效果，直到在我身上试用了一种进口新药，方勉强治愈。出院后我身体极度虚弱，许久未能康复，一直病休在家不能上班。1954 年春，经友人介绍，我拜杨家拳第四代传人、太极拳名家李雅轩（椿年）的高徒刘仲桥为师，练习杨式太极拳。

刘仲桥老师为杨家拳第五代传人，抗战时期在成都跟随李雅轩大师习练杨式太极拳，是李雅轩的高徒，其拳术和推手在师兄弟中出类拔萃，至今仍受到众师弟的仰慕。刘仲桥老师于 1983 年病逝，终年 78 岁。经过刘老师的精心指导和传授，加以自己的刻苦努力，只半年时间，不仅我的拳技有了进步，更令我吃惊的是我的身体竟奇迹般恢复了健康，不仅饭量大增，精力旺盛，而且身体轻灵，浑身有使不完的劲，我又重新投入了工作。后来国庆节爬泰山，我跑步登上十八盘不气喘、不觉累，使其他登山者惊讶不已。我从自己的切身经历中体会到，杨式太极拳不愧为中华传统武术的精华，从中不仅可以吸取中华民族用之不竭的精神力量，而且还可以怡养性情、防身自卫。自此，我坚持每天清晨和晚上跟从刘老师练拳，中午则利用休息时间自己练。1956年我参加了济南市太极拳比赛，得到了各家名师的赞赏，并在全市太极拳比赛中荣获第一名。近年来，我担任了济南市杨式太极拳研究会会长，还数次参加河北省举办的邯郸国际永年太极拳联谊会，在专家研讨会上发表了练拳体会和心得，提出了“轻而不浮、沉而不死”的见解及虚转和实转的要领，得到了与会者的首肯。

经过数年的勤学苦练，我在刘老师的指导下开始授拳。我不仅手把手一着一式地向学生们传授杨式太极拳、剑、刀、棍和推手，而且还向他们传授太极拳的历史、中华武术的精神和武德。近五十年来，我坚持练拳从未间断，教授的学生和徒弟遍布全国各地，有的在国外也很有作为，他们中间有很多也带出了高徒，这使我非常欣慰。

我多年来就想把我练拳的体会以及刘仲桥老师的深厚技艺和高尚武德、诲人不倦的崇高精神，整理成书。但由于本人水平所限，迟迟未写，拖至今日，才把对拳的浅薄认识和体会写出来，贡献给大家参考，也算是对刘仲桥老师在天之灵的一点安慰吧。

郝明之（逢源）

2001年8月8日

MU LU

目录

上篇 杨式太极拳概述

中篇 杨式太极拳图解

下篇 杨式太极拳拳论

附 录

上篇

杨式太极拳概述

一 太极拳的健身与养生

太极拳是中国古老的传统武术拳种之一，是健身与技击为一体的体育项目。古人练拳主要用于技击、防身、护卫和谋生。随着时代的演变，现在锻炼主要目的是健身养性、延年益寿。已经生病的人，通过医院治疗，配合练习太极拳，逐渐恢复健康。无病的人，通过锻炼，可防病健身。作者本人有很深的体会（详见自序）。从我自己的切身经历中体会到，杨式太极拳不愧为中华传统武术的精华、国粹。从中不仅可以汲取中华民族传统武术防身自卫的用之不尽的力量，而且还可以颐养性情，健体养身，延年益寿。自习练太极拳至今，五十余年，我坚持不懈地练习刘仲桥老师传授的杨式太极拳，包括拳、刀、剑、杆及各种推手。我现在年逾八旬，精力充沛，自练拳五十余年来，未有生病，头疼感冒很少发生。我现在仍坚持早晨五点多钟出去练拳、教拳、推手等。

五十多年的练拳经历还使我体会到这套太极拳，姿势开展，舒展大方，轻灵沉稳，由松入柔，连绵不断，形如流水，呼吸自然，没有拙力、憋气、胸闷等弊端。通过长期练拳，呼吸自然延长，气沉丹田，下盘稳固，疏通经络，气血畅通，内练五脏六腑，外养四肢百骸，加速血液循环，促进新陈代谢，增强抗病能力，减少疾病，身体自然强壮，从而达到延年益寿的养生目的。坚持练习太极拳，精力旺盛、充沛，防病健身，延缓衰老，终生受益。如果年轻力壮时，或年少时，能坚持练习太极拳，收益更大，身体更加强壮，精力更充沛，对工作学习都有好处。

二　太极拳及杨式太极拳的源流

太极拳的源流与发展，历史悠久。始自何时为何人所创，武术界一直众说纷纭，争论不休。至今没有最终定论。有的书追溯到六朝时期和宋、元、明时期。议论最多的是宋朝时期道家名师张三丰(峰)，但又缺乏历史文字记载。各朝代所传名字不同，叫法不一，式子多少也不一样，但是，都属于内家拳，因此，不再赘述。

中华武术源远流长，门派纷呈。太极拳是中华武术最著名的拳种之一，它兼具竞技、防身、健体、娱乐、防病和延年益寿等多种功能。因此，深受群众的喜爱。杨式太极拳是太极拳的一大流派。清朝河北省永年县人杨露禅(名福魁，字露禅)三进河南温县陈家沟，拜陈长兴为师，历经十八年，学习陈式太极拳。他刻苦练习、钻研，在陈式太极拳老架的基础上有所创新发展，后历经其祖孙三代研习，创编了杨式太极拳。其基本特点是：大开、大展、大松、大柔，自然、柔和、优美、舒适，没有僵劲拙力。拳架有大、中、小之分，以大架传播最为广泛，现传的大架是杨露禅之孙杨澄甫晚年所定型定式。

济南地区流传的杨式太极传统大架，是第五代传人刘仲桥先生在上世纪四十至七十年代所传授。刘师是国内著名的太极拳名家，是太极大师李椿年(字雅轩)的得意高徒。李大师是"神拳无敌”杨澄甫宗师的得意高徒，深得杨式太极的真谛，功夫炉火纯青，技艺精妙绝伦，享誉海内外。李大师的大架115式，多数为宗师杨公所教，也有很少部分是李大师的体会。本书所介绍的太极拳、械、推手等是刘仲桥老师传授给本书作者的，作者结合自己五十余年的习练体会，择其大要加以整理记述，以贡献给同道的爱好者习练时参考。

三 杨式太极拳传统大架的主要特点

杨式太极拳拳架舒展简洁，大开大展，结构严谨，身法中正，朴实实用。姿势开展大方，匀缓柔和，圆活连贯，轻灵沉稳。练法上由松入柔，刚柔相济，显现出松、静、沉、稳、慢、匀的运动特色。在技击上与人交手以松静、轻柔入手，不用拙力，讲求舍己从人，顺势借力，用整劲发人，后发先至，用智巧取胜。习练此拳要求内（内功）外（外形）兼修，以内为主。内功要求是“内三（意、气、力）合”，即老拳谱要求的以意领气，以气运力，意到气到力到，这样达到气通经络，气贯全身不停滞，周身气血流畅，收到健身、防病、去病的效果。

四　习练杨式太极拳传统大架的三点原则要求

杨式太极拳、械是中华武术之精粹，养生健体之瑰宝。将其学正练好，且不说精，亦非易事；即使只求养身健体之功效，也需要有一套适合个人的科学锻炼方法。历代太极大师和诸多名家积累了很多宝贵的经验，对拳械理论、功法、练法已有很多精辟独到的论述，至今仍在指导世人。在此结合个人实践提出三点体会：1、初学要扎扎实实，求动作规范准确；2、学习要循序渐进，求质量，不求数量；3、终身长练不辍，持之以恒。

1、初学应在明师口授身传中，扎扎实实学好每一招每一势，做到外形姿势正确，先求形似再求神似，牢记在心。反复练习，不断请老师纠正动作，直至规范准确、定型。前一招势学扎实了，再学下一招式。万万不可心浮气躁，只贪进度，不求质量，坚决不蹈“学拳容易改拳难”的歧路。

在一套拳或器械动作基本熟练后，可在明师指导下学习拳械的理论、功法方面的知识，并结合每一招式的习练，去体悟在击技和养身方面的要求。做到在“知其然”后进而去探求其“所以然”，用科学拳理去指导习练的实践，这样既能提高学练效果，又可以锻炼个人的悟性，达到身心双修的目的。

这一点可以概括为一个“严”字，包括对动作和拳理两层的内容。

2、练习拳械要循序渐进。整套拳架经过一定时间的练习之后，在身体方面有了适度的柔软，在中气方面增长了内部的力量，在脑力方面有了清醒的灵觉之后自然地产生了一种松沉的气势，灵觉的感应以及柔软有弹性的力量。由于以上这些情形而发出来的作用，就是太极拳术语的“劲”。体验到这种劲后，拳架也正确规范定型，即可学习各种推手，其顺序是定步单推手、定步双推手、双手活步推手、行步推手、大捋推手、粘手、散手等。

武术讲究体用结合，功、术皆修。练拳架（含活步桩）对技击而言是练功，当然也是健体；各种推手是术。习练推手是增强技击中的反应能力和技巧。练习推手还能验证拳架是否正确，如立身是否中正、重心是否稳固、虚实是否分清、变化是否轻灵、周身是否协调，同时也达到强身健体、延年益寿的目的。

之后，可以练器械，如太极剑、刀、杆（亦称枪）。

这一点可以概括为一个“序”字。循序渐进，不能急于求成。

3、终生常练不辍、持之以恒。

谚云：拳不离手，曲不离口。又云：拳无隔日功。又云：拳打万遍，其义自见。这些都是从不同角度强调要持之以恒。拳谚又云：冬练三九，夏练三伏。这是强调要坚持、要苦练。不能三天打鱼二日晒网。

仅从养生角度讲，练拳应和呼吸空气、吃饭、饮水一样重要，天天不能离开。因为练拳的重要作用是促进气血周流全身，细微末梢都能畅通。所以要想求得健康长寿，必须做到天天练习，才能保证气血的时时处处畅通。至于要把这一武术精华练到身上，功夫达到高层境界，持之以恒的要求更是不能少的。前人经验证明，有科学得法的锻炼，才能去掉僵劲，练出松柔劲，进而把松柔劲练成轻灵劲。如果再进而练出出神入化的虚灵劲，则达到接近神明的境界了。

在持之以恒的习练中，要达到登堂入室阶段，进而逐渐上升境界，还须做到正确理解拳理、拳法，边练边揣摩、体悟，并运用人体科学、中医的经络学和脏腑学及现代运动力学等学科中的科学知识，去参悟经典的拳经拳论，增强习练的科学性。防止一天天一遍遍地打滑拳凑遍数。还要根据个人的身体情况，掌握一个适度的运动量。对中老年和体弱者，每天的习练总量掌握在身体舒适为宜，明显不足和过量、感到疲劳，都不是最佳境界，不能出现“过”和“不及”。但在初练时，由于身体不协调，可能出现不适，此属正常，应当坚持练习。

这第三点可以概括为一个“恒”字，内中包含了运动量的适度和对理论的参悟。

五　锻炼中的个人体会

学习太极拳要做到：静、松、沉、稳、匀、慢。

一、静：

太极拳的静有动静合一，静极始动，静中有动，动中有静；也有推手中的“彼不动，己不动；彼微动，己先动”这种以静待动，以静御动的静；还有“心静用意”练法中的静。这里只讲心静用意的静。在练拳中，既要想着每个式子的动作，又要想着意领、气到、力到。所以初学者要做到心态静，须经过一段时间练习，才能逐渐地做到。开始练拳时要先求心静，排除杂念。心神先静下来，不管周围有任何动静，都要视而不见，听而不闻，思想专一练拳。真正静下来，专心练拳，才能真正体会到拳架中的运劲抽丝、迈步猫行、行云流水、连绵不断、立身中正、虚实分明的奥秘。因此，要求我们练拳时，自始至终不能东张西望、胡思乱想，要集中精力，专心练拳，持之以恒，久之自然能静下来。

二、松：

松与紧是相对的，没有松就没有紧，没有紧也没有松。但在开始习拳时,要先从松入手,不松也练不出柔。松是自然的松,由松入柔,积柔成刚。紧是放松自然的转紧,由紧入刚。但这个紧并不是全身用力,硬把肌肉收紧,形成僵硬一块,而是用意念把肌肉调动起来,有弹力,有爆发力,是紧中有松。练习太极拳时,是时松时紧的有规律的运动。松多紧少，松的时间长紧的时间短。全身放松方为松。从头到脚,包括关节、肌肉和软组织、内脏等,没有一点僵力。全身无处不放松。怎样才能做到放松?首先排除杂念,思想专一,但意念不能太重。呼吸自然,不能憋气。不用硬力僵力,肢体、关节自然放松。每个式子用意念领,用脚力发,用腰往外送。要松腰胯,以腰带动四肢。通过一段时间的练习,就会出现以下几种感觉:最早出现的感觉:手麻、手胀、手热;在起式两手下落时,两臂有类似蚂蚁爬动,到达手掌和手指,或有胀、麻、热的感觉。二是两臂左右滑动或上下起伏时,好似扯着皮筋,有对拉粘连的感觉。三是有似水的阻力和浮力的感觉。如在水中游泳,两臂来回摆动,觉着有水的阻力和浮力,犹如在水里边按着葫芦,下按时有顶力,抬手时有向上浮力。四是空气的阻力,在闷热无风的夏天,穿短袖衣练拳时,两臂左右摆动或上下起伏,有丝丝凉风的阻力。我认为这已经达到放松。能达到这种程度,仅能说放松,但松的还不是完全彻底,要真正达到大松,大柔、大软。有些太极名家,练了一辈子,还说没能松得彻底。可见松的程度有多大、多难。有的人练拳练了几年或十几年,甚至于几十年,浑身都是硬劲、拙劲、僵劲。有的只感觉到手麻、手胀、手热,其他的感觉都没有,那是还没有松开或松得不够。我认为这是由于传授不明,或是锻炼不得法。

松难,松而不懈更难。松是否一点力都没有?不是的。而是不用硬力、拙力、僵力。是用意念从内里领着气,再用气领着力,指挥手脚、躯干运行。意、气、力在文字表达上，虽然有先后，但在实际练习中要做到：意到、气到、力到，运行自如，完整一体。但是，懈就不然了，外形看起来很松、很软，可是其内里是意、气、力分家，关节闭合，是丢掉了意识而自动，一点支撑力都没有。

例如偏瘫病人，手臂软若无骨，因没贯以意识，所以看起来很松、软，但无支撑力，实际上是懈。再如干面粉，手一抓就松，手一松就散，经过水搅拌，反复揉搓，形成一个整体，手摸既松软又均匀，拿起来不散，也不懈。物体加工到一定程度是这样，我们练拳也是这个样，既不要硬力，还要用力，练出来是外柔内刚，是一种松沉力。要练好拳，必须有明师指点，还要悉心揣摩，坚持不断地练习，久之出真功夫，练得全身松软、轻灵，沉而不死、松而不散不懈。

三、沉：

松则沉，全身放松，但不能僵硬、挺直，尤其是腰、胯、膝更要松，要松到脚掌、关节、肌肉，无处不松。气要下沉，送入丹田。但不是硬往下压，而是用意念送入丹田。使下盘稳固，还要做到沉而不死。如果全身力量完全松到脚掌，势必造成僵直硬死。因此，在练拳时，胯以下用意念往下松，膝盖稍有弯曲，但不能弯曲太大；胯以上用意念往上领，向上拔，上身不能僵直、硬挺，仍然放松，胯间有悬空的感觉。做到一身松开，上有提劲，下有松沉劲，并且劲整。这样经过长期锻炼，既能使下盘稳固，又能做到沉而不死，步法稳健，变动灵活，轻而不浮。

在练拳中常听到有些老拳师说，练拳要做到沉而不死，轻而不浮。对此，我的体会是：在练拳时，气和全身重量都往下压，一直压到脚，这个时候你想转动就不灵了，这是沉而死；如果气是自然送入丹田，身体胯以下往下松沉，胯以上用头往上领，用意念微微上提。这样，下盘稳沉，身体轻灵不死，膝盖也不会扭伤。怎样才能做到轻而不浮？在练拳时，单纯为了轻灵，抬手抬脚也不用意念领，随随便便举动，看起来很轻灵、很美。用武术的要求，这不是轻灵而是漂浮。在练拳中抬腿、举手都是用意念领，用脚发力，通过腰送，缓慢抬起。如搬、拦、捶，抬腿向前迈步时，以意念用腰胯把腿带动起来迈出，这样看起来很轻，但不漂浮，而是轻中有沉。

四、稳：

稳，是身体稳固，上身中正不偏，全身不失重心。不能东倒西歪，前俯后仰。要想稳，在练拳中，每个式子变化，前进后退，抬腿蹬脚，一定先把重心转移到实腿上，虚实分清，再提腿或迈步，如蹬脚分脚，后边的手，要略高于前边的手，这样才能保持平衡。上身不能歪，头顶上的百汇穴要与会阴穴对正，实腿一侧的肩井穴对准脚掌涌泉穴，形成一条直线，这样才能保持身体平衡。再是身体不能僵硬、腿不能挺直，要稍有弯曲放松，这样身体既稳固又轻灵，才能做到迈步如猫行。如果浑身是僵劲，站立的一根腿和上身挺直僵硬，反而身体不稳，东倒西歪，越慢越不稳。因此，要立身中正，虚领顶劲，虚实分明，变换灵活，身体自然稳固。

五、匀：

匀，是速度均匀。整套拳架，除个别式子如转身摆莲外，全套架子练起来，速度一样，从头到尾，如行云流水，连绵不断，不能忽快忽慢，不要有节奏感，不能有断续处。这是内家太极拳的特点，是和外家拳的区别之一。

在练拳中，浑身不能僵硬，要保持浑身松柔、轻灵。这样练出的匀是自然松柔、灵敏。呼吸也要自然均匀，与拳架协调一致，不能憋气，这样练下去，功到自成。

六、慢：

慢，就是动作缓慢。慢到什么程度，练完一套拳需要多长时间，没有具体要求。首先，要了解慢的目的是为了什么。主要是为了考虑动作的运行是否正确，以便随时纠正偏差，以及呼吸是否自然顺畅。如果练拳架速度过快，有些目的不能达到，成了花架子。快和慢，要视人的身体情况、性情急慢，因人而异。如急性子的人，就练快一点，慢性子的人，就沉住气，慢慢地琢磨一招一式的练习。因此，练习拳架快慢，不能千篇一律，应因人而异。一般的练一趟拳架，有的二十几分钟，有的半个多小时，还有的一个小时或更多。但是总的目的是看你是否收到应有的效果，只要目的达到，那就是练对了。

总之，练拳要有恒心，要坚持每天练习，如果有条件最好早晚都要练习，细心琢磨练拳的要领，久之出真功夫，俗话说功到自然成，有的说拳打万遍，才能体会到拳的奥妙，是有道理的。如果不认真地练，三天打鱼两天晒网，练起拳来东张西望，思想不集中，好像完成任务就行，这样终生难成。

六　对练拳中几个问题的浅释

一、腿的虚转和实转：

在练拳中两腿的变化转动，有虚转和实转的区别，在什么情况下需要虚转？什么情况下需要实转？应当根据情况而定，不能一概而论。根据老师的教导和我实践的体会，应该是：前进的式子或者进攻的式子，必须实转。如：左搂膝拗步变右搂膝拗步时，因为我要进攻，必须左腿实转，用右手掌按住对方再前进，不给对方可乘之机。如果是虚转，我们后撤坐胯，把前腿变成虚腿，再摆左脚上右步，这样敌人趁我后撤之时，趁虚而入，向我进攻，必然被动。后退的式子，准备退却时必须虚转。如斜飞式后退时，向右后转身，身体重心渐移后腿，左腿变虚，左腿必须虚转，待向右后转身，右手接身后之敌，则右腿必须实转。这样，既能主动进攻，又不被对方乘虚而入，造成被动。实转并不是全身重量硬压在前腿（实腿）上用力硬转，这样对膝盖不利，可能造成扭伤。在前腿实转时，要虚领顶劲。头向上领带动胯向上微提，做到实中有虚，转动灵活。

二、转腰和转胯的关系：

常说松腰松胯，转腰转胯，胯随腰转等。在这个问题上，拳界人士有两种意见：一是转腰不转胯，二是转腰必须转胯，胯随腰转。在转腰同时，还要扯到两肾上下起伏。我认为转腰必须转胯，因为腰和胯是连在一起的，如果转腰不转胯，势必造成拧腰，腰的转动范围也很小，因为腰脊椎旋转，胯关节随之开合。如只腰转而胯不转，从健体来说，气血上下不畅通；从应用推手来说，因你转动范围小，化不掉对方来力，势必造成扭伤。腰与胯的旋转是一致的，如果胯旋转不灵活，也会影响腰的旋转圆活。所以在练拳时，注意放松腰胯，胯随腰转，使腰胯活动旋转有机地、协调地联系起来，才能比较好地发挥其养生和技击作用。

三、脚踝腕、膝盖、胯：

脚踝腕、膝盖、胯这三部分，是下肢的主要关节，在练拳中，是下肢活动最多的，在推手、特别是散手中，要求各有不同。脚腕在太极拳练习中，外摆内扣较多，上翘下扣较少，仅蹬脚有上翘，金鸡独立有下扣，其他式子的虚步，上下活动的幅度较小。太极拳活动膝盖较多，如左右转身、上下起伏、蹬脚等，都牵扯到膝盖的活动。刘仲桥老师传的杨式太极拳，胯的活动范围较大。特别是行步推手、大捋推手、散手等。不仅活动膝盖，而且用胯带动下肢前进后退，一是活动范围大，二是身体格外灵活。

四、下颚微收：

下颚微收，要恰到好处，收多了憋气；收少了仰头，后脑勺和脖子之间出现褶皱，气血不畅通，不能到达头顶，也使眼神上移，偏离了平视方向。因此，下颚微收时，一是不感觉憋气，二是用手一摸，脖后上下一条线，后脑勺和脖子之间没有弯曲、褶皱就对了。

五、坐腕立掌：

坐腕立掌，怎么掌握，是否五指直立，才算立掌呢？不是。如果五指直立，腕部一定僵硬，气血到腕部中断，不能达于手指，对强身健体不利。从技击上说，手腕僵硬，活动不灵，宜被人折伤。因此，手腕下沉松腕、手掌斜立，比较适宜。四指自然靠拢，中间留有空隙，拇指自然分开，五指自然微曲，这样，手腕既灵活又气血畅通，达于手指。

六、足趾抓地：

在训练中，足趾不能始终抓地。如果始终抓地，势必造成足部僵硬，站立不稳。应该在向前发力时，五趾抓地，如左右搂膝推掌时和下按时的瞬间。根据不同式子，足趾随时松开和抓地，灵活掌握，不能千篇一律。足趾抓地，仅在发力一瞬间，以助前推之力；发力之后，足趾马上松开。如果抓地时间太长，一是腿脚僵硬，气血不畅，二是身体不稳，宜被人牵动。

七、劲断意不断：

在练拳中强调不能有断劲，要运劲如抽丝。有的式子，看似肢体暂时停止了动作，出现断劲，如倒撵猴转下打十字手，接向左转身，两手交叉，右脚收回向前迈出，接下个动作斜飞式，右脚后抽动作，这两处看似右脚都有断劲，实则意念未断，在右脚还没有动作前，意念未停，已经领着右脚向右后抽动和身体带动右臂向右后旋转，意念始终未停。

七　练习太极拳前的准备工作

练习太极拳前，应做些活动，不能出来一站，就开始练拳。因为筋骨和关节还没有松开，对强身健体，收获较少，还可能觉得浑身发紧不舒服。因此，要做些准备工作。先活动肩、腰、胯、膝和筋骨，练前准备工作很多，现简要地提出如下几项：

一、漫步行走：

走步时，不能和常规走路一样，要用腰、胯带动腿提起，再用意念通过腰力慢慢送出，全脚掌落地，如此行走一百步左右。如有条件，时间允许，可以多走更好。

二、站桩：

桩步很多，有无极桩、太极桩、川字桩、混元桩、马步踩腿桩等。现仅提出两项，供大家练习：

(1)太极桩：

两脚开立，与肩同宽；两膝微曲，放松腰胯，涵胸拔背，收腹收臀；两臂前伸，慢慢抬起，手的高度与肩平；手心朝下，五指自然分开，稍有弯曲；沉肩坠肘，全身放松，眼向前平视；鼻吸口呼，采用腹式呼吸，吸气时舌轻抵上颚，呼气时舌松开，舌头一抵一开，增加津液，慢慢咽下，帮助消化，对身体有益。吸气时身体上提，呼气时身体下落，一提一落，活动筋骨，加速血液循环。如此呼吸十至二十次。如时间允许，可多做几次。

⑵川字式站桩：

两脚自然站立，左脚尖外撇，左腿屈膝下蹲，右脚向前方迈出半步，脚跟着地，脚尖微翘提起离地，两脚前后距离半步，身体重量全在左腿，成为右虚步。两手心斜相对，五指自然分开，稍有弯曲，右手略高于右肩，左手与左肩平。右手长，左手短，左臂圆弧，手心斜向里如抱物状，带有掤意，要沉肩坠肘。要做到上身正直，不能前俯后仰，要虚领顶劲，涵胸拔背，沉肩坠肘，尾闾中正，收腹收臀，眼视前方，照顾左右手。排除杂念，敛气凝神，不能胡思乱想。呼吸自然，鼻吸口呼，采用腹式呼吸，吸气时下沉丹田，呼气时腹部收缩。身子不能东倒西歪，左右扭斜。要做到外三合：手与足合、肘与膝合、肩与胯合，全身放松，无丝毫拙力。如果左腿累了，可以换右腿，成为左虚步，手变成左手长右手短，要求与前式相同。在练拳前，为调整心态，活动筋骨，时间短可以少站立，如果在家庭有时间，可以左右交换多站，因为这个桩步，对于练内部意、气、神，周身内劲以及腰腿功夫，都有很大帮助。这也是练意、练神、练气，练功的基础。待练架子套路时，下盘稳固，立身中正，起到了一定的辅助作用，因此，不可忽视，要持之以恒。右式，如盘架子中的提手上式，左式近手挥琵琶式。

三、活动腰、胯、膝盖：

两脚开立，平行分开，与肩同宽。身体下蹲，两膝弯曲，身体重量分于两腿。两手掌心向下,盖于两膝盖上。上身向前稍有倾斜。两膝盖由左向右划圆圈十次,再由右向左划圆圈十次。划圆圈转动时,腰胯也随着转动,身体要随着上提下落,稍有起伏。否则,膝盖容易扭伤。如果有时间,可以多练几次。

四、活动两手臂和肩、腰、胯

两脚开立,平行分开,与肩同宽。用腰带动两手臂向左右前后甩动拍打,右手掌拍打前左肩内,左手背拍打身后右腰眼;反之向右旋转,左手掌拍打前右肩内,右手背拍打身后左腰眼,身体同时随手臂左右转动。两手臂都是用腰、胯带动甩起拍打,身体也随着起伏,全身运动,效果更好。

中篇

杨式太极拳图解

一 杨式太极拳传统套路一百一十五式图解及说明

第一式： 预备式
第二式： 起式
第三式： 掤手上势
第四式： 揽雀尾
第五式： 单鞭掌
第六式： 提手上势
第七式： 白鹤亮翅
第八式： 左搂膝拗步
第九式： 手挥琵琶
第十式： 左搂膝拗步
第十一式： 右搂膝拗步
第十二式： 左搂膝拗步
第十三式： 手挥琵琶
第十四式： 左搂膝拗步
第十五式： 进步搬拦捶
第十六式： 如封似闭
第十七式： 十字手
第十八式： 豹(抱)虎归山

第十九式：　斜揽雀尾
第二十式：　斜单鞭掌
第二十一式：　肘底捶
第二十二式：　右倒撵猴
第二十三式：　左倒撵猴
第二十四式：　右倒撵猴
第二十五式：　斜飞式
第二十六式：　提手上势
第二十七式：　白鹤亮翅
第二十八式：　左搂膝拗步
第二十九式：　海底针
第三十式：　扇通臂(背)
第三十一式：　翻身撇身捶
第三十二式：　高探马
第三十三式：　上步搬拦捶
第三十四式：　上势揽雀尾
第三十五式：　单鞭掌
第三十六式：　右云手
第三十七式：　左云手
第三十八式：　右云手
第三十九式：　单鞭掌
第四十式：　高探马
第四十一式：　右分脚
第四十二式：　左分脚
第四十三式：　转身左蹬脚
第四十四式：　左搂膝拗步

第四十五式：　右搂膝拗步
第四十六式：　搂膝（进步）栽捶
第四十七式：　翻身撇身捶
第四十八式：　高探马
第四十九式：　进（卸）步搬拦捶
第五十式：　右蹬脚
第五十一式：　左打虎式
第五十二式：　右打虎式
第五十三式：　回身右蹬脚
第五十四式：　双风贯耳
第五十五式：　披（转）身左踢脚
第五十六式：　转身右蹬脚
第五十七式：　落步搬拦捶
第五十八式：　如封似闭
第五十九式：　十字手
第六十式：　豹（抱）虎归山
第六十一式：　斜揽雀尾
第六十二式：　斜单鞭掌
第六十三式：　右野马分鬃
第六十四式：　左野马分鬃
第六十五式：　右野马分鬃
第六十六式：　左掤手上势
第六十七式：　上步揽雀尾
第六十八式：　单鞭掌
第六十九式：　右玉女穿梭
第七十式：　左玉女穿梭

第七十一式：　右玉女穿梭
第七十二式：　左玉女穿梭
第七十三式：　左掤手上势
第七十四式：　上步揽雀尾
第七十五式：　单鞭掌
第七十六式：　右云手
第七十七式：　左云手
第七十八式：　右云手
第七十九式：　单鞭掌
第八十式：　抽身下式
第八十一式：　右金鸡独立
第八十二式：　左金鸡独立
第八十三式：　右倒撵猴
第八十四式：　左倒撵猴
第八十五式：　右倒撵猴
第八十六式：　斜飞式
第八十七式：　提手上势
第八十八式：　白鹤亮翅
第八十九式：　左搂膝拗步
第九十式：　海底针
第九十一式：　扇通臂(背)
第九十二式：　翻身撇身掌
第九十三式：　高探马
第九十四式：　上步搬拦捶
第九十五式：　上势揽雀尾
第九十六式：　单鞭掌

第九十七式：　右云手
第九十八式：　左云手
第九十九式：　右云手
第一百式：　单鞭掌
第一百一零式：高探马
第一百零二式：白蛇吐信
第一百零三式：翻身右蹬脚
第一百零四式：左右搂膝指裆锤
第一百零五式：上势揽雀尾
第一百零六式：单鞭掌
第一百零七式：抽身下式
第一百零八式：上步七星
第一百零九式：退步跨虎
第一百一十式：转身摆莲脚
第一百一十一式：弯弓射虎
第一百一十二式：进步搬拦锤
第一百一十三式：如封似闭
第一百一十四式：十字手
第一百一十五式：收式（合太极）

练习太极拳时，为便于记忆，开始时要按一个朝向，待动作熟练后，根据场地情况，可选一个合适的方向。练习一个阶段，也可以再换一个方向。下边的图解是按面向正南。

第一式　预备式

动作：面向正南，立正姿势，两脚尖略外撇。自然站立，两臂

1.1

1.1(侧)

1.2

1.2(侧)

下垂,手心朝里贴于两腿外侧,手指朝下,全身放松。右脚先提起脚跟向右迈出半步,先前脚尖着地,然后脚跟外撇,脚掌南北直向,左脚尖向里扣,形成两脚平行站立。不能形成内八字脚或外八字脚,两脚左右距离与肩同宽(见图 1.1、1.2)。

要领:

1. 不能一站,立即练拳,应先调整身形心态,排除杂念,心神专一,全身关节、肌肉、软组织等都要放松。头要虚顶,不能僵硬,肩要放松,胸要内涵,不能凹胸,背要上拔。

2. 收腹，收臀，提肛，立身中正，上下垂直，不能挺胸鼓肚。

3. 眼要平视，下颌微收，收大了憋气，收少了仰头，气不通畅。口微闭，似张非张；舌顶上腭，以鼻呼吸，或鼻吸口呼，但是不能口吸。气要用意念送入丹田，但不能憋气，更不能硬往下压。待全身调整好，再练下一个式子，否则练功无益，容易出偏差。

第二式　起式

动作：两肩下沉，两臂放松，自然下垂，手指朝下，手心朝里贴于两腿外侧。两臂内旋，手背朝前，掌心朝后，两手臂往前往上

2.1

2.1(侧)

2.2

2.1(侧)

2.3

2.3(侧)

2.4

2.4(侧)

慢慢提起,高与肩平,两掌左右距离与肩同宽,两掌心朝下。然后,两臂慢慢落下,落至两胯外侧停止,两手指朝前,掌心朝下(见图 2.1、2.2、2.3、2.4)。

要领:

1. 两臂提起时,必须用意念以手指领。以弧形往前往上举起,随着上举,同时两肩下沉,两肩向前拉开一个小窝。在两肩上举时,不是单用两臂之力,而是用脚掌发力,达于腿、腰,以意念用腰的力量送到两臂,使其向前往上举起,达到高与肩平。

2. 两手臂上抬时，随两臂内旋由掌心朝里，慢慢变成朝下。要松肩、沉肩、坠肘，两臂放松，不能僵硬，五指自然分开，用意念往前领。

3. 两手臂上抬、下落要连绵不断。下落时，先两手臂微向外旋转，两手心斜向对，肘自然下垂，肩自然松开随之下沉。然后用肘领两臂下落；待两手臂落平时，意念转至用掌根领落，再转至手指领落，最后落至两胯外侧，自然下垂，掌指朝前，掌心朝下。

4. 两臂上举时，不能用拙力，用则全身僵硬；要用意念，由两脚掌发力，由脚而腿达于腰通于背，形于手臂。两臂向前向上抬起时，要稍有弯曲，两肘须有微曲下坠之意。

5. 起式在技击上也有一定的用处，假如对方用双手按住我双臂不能解脱时，我两臂以弧形往前往上旋转伸出，破坏对方重心，使其站立不稳，其根自断，自然向后跌出。

6. 两臂上举与肩平后，不要停顿，两臂随之下落，要做到速度均匀，连绵不断，一气呵成，不可忽快忽慢。

第三式　左右掤手上式(亦称左右接手)

动作一：右掤手：由前式不停，两腿微屈，以右脚跟为轴，右

3.1

3.1(侧)

脚尖外撇，重心移于右腿，身体以腰带动向右转，面向西南。身体右转的同时，右臂以弧形慢慢抬起抱圆，手心朝里至右胸前，手与肩平，肘下垂，手略高于肘。左臂同时抬起，斜立于身体外侧，形成一条直线（见图 3.1、3.2）。

动作二：左掤手：上式不停，右腿下蹲，左脚往左前（西南方）迈出一步，屈膝下蹲，重心移至左腿，成为左弓步。同时左臂慢抬起抱成圆弧，手心朝里至胸前，手与肩平，肘下垂，手略高于肘。右臂同时慢慢放下，斜立于右身外侧，形成一条直线（见图 3.3、3.4）。

3.2

3.2（侧）

3.3

3.3（侧）

3.4

3.4(侧)

要领:

1. 由起式变右掤手,也叫右接手。向右侧西南方转体时,不能后坐,头用意念向上虚领,涵胸拔背,腰胯向上微提,用实腿转动。因为对方若向我右胸部打来,我则用右臂接其来手,向右化去,变掤劲顺势捋之,破解对方来力,彼重心自失。

2. 用实腿转动的目的:因为对方向我进攻,我如后坐,前腿变虚,用手臂去接对方的来力,只是手臂的力量,用实腿转动,掤接对方来力,是整体的力量。因此,凡是招架对方进攻,必须用实腿转动。如果是逃避的式子,则必须后退用虚腿转动。

3. 左掤手向西南迈左腿时,不能单用腿的力量抬脚迈步,一定要用意念使腰胯带动腿脚,脚跟先起,然后脚尖离地,以弧形向西南方迈出。脚跟先着地,慢慢地全脚掌落地,重心渐移左腿,中间不能停止,不能有断劲。

4. 左掤手准备向西南方迈步前,在转身同时慢慢下蹲,右小腿上下直立。下蹲幅度根据每个人的情况而定。如果年轻身体好,要求下蹲幅度大一点,架子矮点,下盘功夫稳固。如果年龄大身体不好,下蹲幅度小一点,架子高一点。这个式子下蹲的高低,关系到以后整套架子高低，以后的架子，除个别式子，如白鹤亮翅、海底针、抽身下式、金鸡独立等有大的上下起伏外，整套拳架的身体高低，应保持在这个左掤手的水平上。如果架子忽高忽低，容易出现断劲；在推手时，容易被人制约，宜受损害；在练意气健体方面，收到的效果也相对较低。

第四式　揽雀尾（掤、捋、挤、按）

动作一：掤（双掤手）：由前式不停，左手掤圆，身体用腰带动慢慢向左旋转，朝西南方向。右臂随腰转动的同时，慢慢抬起至右胸前成弧形，环抱于右胸前。右手指与左手指相对，右手臂略高于左手臂。两臂成圆弧形，环抱于胸前，如抱物状。右脚同时向正西方迈出一步，身体用腰带动，慢慢向右转体，面向正西，右腿弓，左腿蹬，成为右弓步。如对方向我胸部击来，我两臂圆掤在胸前，以掤化之力化解其来力（见图 4.1、4.2、4.3）。

要领：

1. 手心斜朝胸前，两手掌不能上下直立，应当两手掌上缘斜向身外，下缘斜向身里，左掌指斜朝右上方，右掌指斜朝左上方，上宽下窄。如似两手抱着个孔雀尾巴，既怕掉了，又怕挤碎，两手虚捧，两肩松沉，两肘下垂。同时松腰松胯，以静待动，听对方来力劲路，或向上、向下、向左、向右，化解对方来力，再变化姿势进攻之。

2. 身体向右转，向正西迈步时，身体重心，一定先移到左脚，右腿变成虚步，用腰胯带动向正西迈出右步，再向右转身移动。全脚掌着地，右腿弓，左腿蹬，成为右弓步落实，面向正西，身体在两腿重量，大约前七后三；如果是各半，即是双重，是拳理拳法所禁忌的。眼神要跟着手的旋转变动，主要是跟随进攻的手而随时变化，但不能低头或仰头，一定要虚领顶劲、涵胸拔背，保持尾间中正。

动作二：捋：由前式不停，左手心翻朝上，右手心翻朝下，形成两手心相对，右手在上，左手在下，两手上下相距约三十公分左右。用腰胯带动两手向左后旋转抽动，同时左腿后坐，变成实腿，右腿变成虚腿，身体方向，斜朝西南（见图4.4、4.5）。

要领：

1. 对方用两手或左手向我前面击来，我以左手托其腕下，以右手扶其肘外，在转腰同时，由身前向左后方捋之，使彼来劲落

4.1

4.1（侧）

4.2

4.2（侧）

4.3

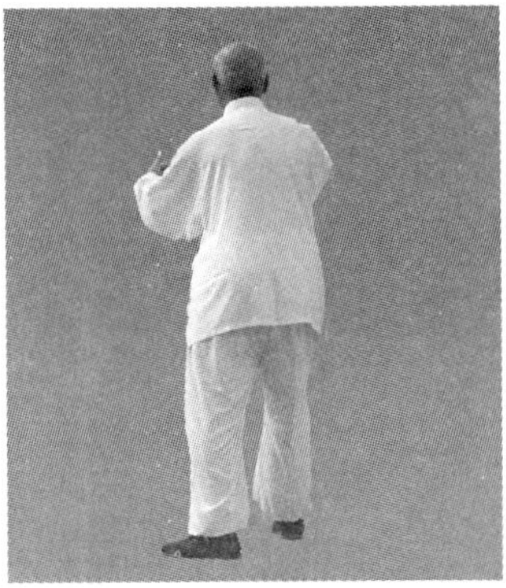

4.3(侧)

空或跌倒。

2. 捋式的练法，是采、拨之间，既不是使用采劲向下采，又不是用横劲向外拨，使对方在不知不觉中，被我向左后捋之，引其落空。

3. 两手要放松、轻灵，不能有丝毫拙力，不能死抓对方手臂，硬拉硬拽，要以轻灵劲，听对方来力的快慢，随机应变。要做到动急则急应，动缓则缓随，否则难以取胜。

动作三：挤式：由前式不停，右手腕在粘住对方左手臂向左

4.4

4.4(侧)

4.5

4.5（侧）

4.6

4.6 侧）

4.7

4.7（侧）

转身同时，右手臂外旋，右手背朝外，手心朝里；同时沉肩、垂肘，手指斜向上。再向右转身，用腰转动，带动左手臂内旋，手心朝前，手指朝上，轻按右腕脉门处。身势稍沉，松腰胯，头虚领，右腿弓，左腿蹬，两手臂以松沉劲向正前方（西方）挤击破解对方来攻，使其后跌（见图4.6、4.7）。

要领：

1. 由捋变挤时，左手臂不能自动抬起，要求在向右转身时，用腰力带动左手提起，左手臂向内旋转，手心朝前，手指向上，轻轻地按于自己右腕处。

2. 在向对方挤时，一定要全身放松，没有丝毫拙力。用后脚发力，行于腿，主宰于腰，通于背，达于手指。要用整劲，同时发出。不能用半截劲，先蹬腿，再按手，或先按手，再蹬腿，形成上下两半截劲，拖泥带水，发力不干脆，威力不大。

3. 不能主动地先出手去挤，要听随对方的劲。如对方的劲未回，我发劲去挤，必然造成顶，也给对方有可乘之机；此时，如果对方陡然发劲攻我，我一定吃亏。如果对方劲回收，我不粘住对方趁机挤去，我即失去了进攻的机会。丢顶都是错误的。

动作四：按：由前式不停，，重心后移，以腰、脊背之力将两手臂抽回。随着身体抽回，两手臂向左右分开。身体重量落于左腿，左脚全脚掌着地，两手臂收回至胸前，但不能上下垂直，应当斜立，两手臂向前倾斜。两手臂左右距离与肩同宽。两手心朝前，两手指斜向上。在重心后移时，要松腰松胯坐胯。右腿弓，左腿蹬，成右弓步；同时两手掌向前按去。按时，一定要用后脚发力，用腰脊之力运于两掌向前送出。击打对方胸部及其肘、腕，伤其内部或使其后仰跌出，这是整劲。如用局部劲，则威力不大（见图4.8、4.9、4.10）。

4.8

4.8(侧)

4.9

4.9 侧)

4.10

4.10(侧)

要领：

1. 重心后移时，要收腹，收臀，臀部不能超过后脚跟，超过则失重心，身体不稳。两臂收回时，两手臂和肘不能上下直立。小臂和掌向后不能超过肘，不能形成小臂前端往后倾斜。往后倾斜容易被对方按住，劲发不出去，即是术语的“扁”。因此，两手臂上部分必须向前（外）倾斜，形成斜立，发劲有力。

2. 两手掌前按时，必须沉肩坠肘，坐腕立掌，手掌不能过于直立，掌指更不能后扬。过于直立和后扬，在健体要求上，手腕前后关节形成僵硬，气血不能畅通，气血到手腕被截住，不能达于掌、指。在应用方面，向前按发劲时爆发力小，发劲不能干脆利落。

3. 两手掌前按时，前弓腿之膝盖和小腿，不但不能上下垂直，小腿上端应向身后稍有倾斜，膝盖随之向身后微收。这样下盘重心稳固，攻则发劲有力，防则不易被对方牵动。

4. 两手掌前按时，必须用整劲。也就是劲发于脚，行于腿，主宰于腰，通于脊背，达于手指。在发劲时，后脚一蹬地，地面的反作力，节节贯穿达于手指，再配合背、臂部肌肉的收缩所产生的弹力，形成合力，这就是一个整劲。不能先蹬后按，或先按后蹬。在向前按时，前弓步到位，膝盖稳住，不能前后乱动，乱动则发劲不整无力，在发劲前按时，前腿弓、后腿蹬，前脚掌有入地的感觉。这样发劲有力，不失重心，身体稳固。否则，后腿蹬，前腿倾，动荡不稳，失去重心，不但发劲无力，还容易被人牵制，采动，向前倾倒。

第五式　单鞭掌

动作：由前式不停，用腰、脊背之力，将两臂向后拽与肩平，两手心朝下，用腰、脊背带动两臂向左(东南方)平滑转动；同时，右脚以脚跟为轴，脚尖向左扣，重心移于左脚，转动不停。身势向右回转，仍用腰、脊背之力，带动两臂向右（西南方）平滑转动，右手朝西，五指并拢勾手下垂；同时，左手随右手向西滑动，经胸前置于右肩前，手心朝里，手指向右，重心移于右脚，将左脚收回于右脚里侧，左脚尖虚点地。提左脚往左（东方）迈出，脚跟先着地，随着身体重心左移，慢慢地全掌触地，脚尖朝东，变成左弓步。同时，左掌经胸前内旋，掌心翻朝外，向左前方（正东方）推出，掌心斜朝前，掌指斜向上（见图 5.1、5.2、5.3、5.4、5.5、5.6、5.7）。

5.1

5.1（侧）

5.2

5.2（侧）

5.3

5.3(侧)

5.4

5.4(侧)

5.5

5.5(侧)

5.6

5.6(侧)

5.7

5.7(侧)

要领:

1. 两手臂向左右滑动时,要立身中正,不能前仰后合,挺胸凸肚;同时收腹,收臀。

2. 两手臂向左右滑动时,两臂稍有弯曲,两肘尖自然下垂;同时松肩,沉肩,松腰转胯。

3. 变勾手时,五指朝下,四指弯曲并拢,大拇指捏靠中指内侧第一节,在打击对方时,先用五指勾挂住对方来手或臂,再用腕关节掌背四手指根部和梢节连续击打之。

4. 左脚收回，脚尖虚点地，向左前方迈出时，中间不能停顿，收回随即迈出。同时，要做到虚领顶劲，涵胸拔背，立身中正，不能挺胸。左脚向左前方（东方）迈步时，要松腰，坐胯。全身重量都在右腿上，左腿是虚的。左脚迈出时，先左脚跟虚点地，有如履薄冰的感觉，身体重心慢慢左移，左脚全脚掌着地。这样做的目的是，我的左脚虚步迈出，如果对方用脚横扫我的左脚，我可以立即收回，免受侵害。如果我左脚迈出时，全脚掌猛然落地，身体重心立即移于左脚，一是，必然出现断劲，不符合拳论上连绵不断的要求，二是，遭对方攻击时，左脚不能立即收回，易受损害。

5. 向左前方（东方）推掌时，左手掌先慢慢地外翻，手心朝外由立掌变成斜立掌，向左前方推出；同时，右勾手手臂向右方（正西方）慢慢伸出，两臂形成对拉。重心渐移左腿，左腿弓，右脚蹬，形成左弓步；与两臂对拉，上下配合，动作同时完成。

第六式　提手上势

动作：由前式不停，右脚尖微向里扣，左脚尖也向里扣，脚掌偏左斜，身式稍右转，面向正南，身体重心移向左腿，左腿弯曲，右腿提起，以弧形向正前方（南方）迈出，脚跟虚点地。同时，右勾

6.1

6.1（侧）

6.2

6.2(侧)

6.3

6.3(侧)

手变掌稍落，以弧形朝前方(南方)往上提，掌心斜向左，左掌也随之下落以弧形向前方(南方)上提，掌心斜向右，右臂长，左臂短，环抱在胸前，形成半圆形，两腋间要留一拳左右空隙(见图6.1、6.2、6.3)。

要领：

1. 两臂弧形向前提，要和右脚向前迈同时动作，不能有先有后。右手向上提的目的，是为了击打对方下颚和面部，手臂不能僵硬，要松柔有弹力。

2. 右臂前伸到正前方要有上挑的动作，击打对方下颌或腮外，并化解对方的来力。

3. 要运用腰脊力推动右臂前伸，不能挺立，肩要松沉，肘要下垂，松腰坐胯，有益于攻防。

第七式　白鹤亮翅

动作：由前式不停，右脚里扣，左脚外摆，身势左转，面向东方；右臂往左下落，手心向里；左臂随腰左转，向下往右盖于右臂之上，两臂交叉，左手在上，右手在下，置于腹部。

7.1

7.1（侧）

7.2

7.2（侧）

同时右脚往东南方迈出一步，重心移于右腿，弓步坐实。左脚向前（正东方）迈出半步，脚尖虚虚点地，如履薄冰；同时身势上升，右手上提，高于头顶，手心翻朝外；左手下按，置于左腿外侧，两臂左上右下亮开（见图 7.1、7.2、7.3、7.4、7.5）。

要领：

1. 身体向左转动，要以腰带动，先向里扣右脚，两脚不能同时移动，否则身体不稳。

2. 向前（东方）迈右脚时，右肩含有靠，但外形不能暴露太

7.3

7.3（侧）

7.4

7.4（侧）

7.5

7.5(侧)

过;右手上提,先用手背击打对方面部,再用翻手掌击之。

3. 右手背上提时,右脚掌蹬地,身右侧上提,以助右手臂之力。右腿仍有弯曲,不宜过直,肩要松沉。同时左手掌下按,两臂形成右上左下的对拉力,做到上攻下防。

第八式 左搂膝拗步

动作一:由前式不停,右胯跟内收,身势下沉,右前臂随身势稍向右转,右前臂同时外旋,右手臂往下落,手掌心翻朝上,经腰部往右后抽挂,随即由后上绕划弧,手掌心翻朝下,手指斜朝前

8.1

8.1(侧)

8.2

8.2(侧)

8.3

8.3(侧)

(东方),经右耳根用斜立掌,随身势左转向前(东方)推出,高与肩平(见图 8.1、8.2、8.3)。

动作二:同时左手臂由左下往上往右划圆弧,由左膝前往左搂去,掌心朝下,置于左膝外侧,呈下按式。右手掌经右耳根向前推时,提左脚往前(东方)迈出一步,身体下沉坐胯,左腿弓右腿蹬,成左弓步。同时右掌前按,左掌外搂与右掌前按同时完成(见图 8.4、8.5)。

8.4

8.4(侧)

8.5

8.5(侧)

要领:

1. 右手臂下落,向右后抽挂时,要腰向右旋转,带动手臂划弧。

2. 右手臂向前推,左手臂经胸前,由上往下划弧,再搂膝按掌,均用腰旋转带动。同时,随转动随下沉,要用折叠劲前伸。不能突然下沉再转腰。要相互配合,协调一致。

3. 左腿弓步时,膝盖和弓步蹬腿的动作要领,同于前边揽雀尾的按式弓步。左腿弓步,小腿不能直立,应向后倾斜,腿弯大于

90 度，这样下盘稳固。右腿前蹬时，不能僵直，要稍有弯曲，留有爆发力的余地。

4. 右腿前蹬发力时，左膝盖不能向前移动，左脚掌应有入地的感觉。右腿蹬，右掌前推，左掌下按，左脚下踏，四方力协调一致，才能向前发出整劲，且身体稳固，不易被人牵动，做到攻防两宜。

第九式　手挥琵琶式（亦称抱琵琶）

动作：由前式不停，右脚向前跟半步，屈膝坐实，重心全移右

9.1

9.1（侧）

9.2

9.2（侧）

9.3

9.3(侧)

腿。左脚向前(东方)迈出半步,脚跟点地,变成左虚步。同时右臂下落收回,置于胸前,手心斜朝左。左手上提置于胸前,略高于右手,手心朝右,左臂长,右臂短,形成左右手斜对,如抱琵琶状(见图 9.1、9.2、9.3)。

要领:

1. 右脚向前跟步时,重心先移至左腿,右腿变虚,再向前跟步,身体仍保持原来的高度。如忽高忽低,一是易出断劲,二是易被人损害。

2. 两臂于胸前,左长右短,不能伸直;沉肩坠肘,蓄势待发。

3. 要立身中正,虚领顶劲,不能前俯后仰,更不能挺胸、凸臀,后臀部不能超过右脚跟,头顶百会穴正冲右脚掌涌泉穴。这样才能做到身体稳固,转动灵活。

第十式　左搂膝拗步

动作一:由前式不停,身势下沉,身体重量全在右腿,同时右手臂外旋,手心朝上下落,稍向右转,以腰带动,经胸前向右后抽挂,随即由后上绕与肩平,手掌翻至掌心朝前;左手掌同时下翻,掌心朝下至胸前(见图 10.1、10.2、10.3)。

10.1

10.1(侧)

10.2

10.2(侧)

10.3

10.3(侧)

10.4

10.4（侧）

10.5

10.5（侧）

动作二：身势稍向左转，左脚迈出半步。同时右掌变弧形至右耳旁，向前（东方）推出，手指朝前，掌心斜朝下，逐渐变成掌心朝前，坐腕立掌。左腿随身体向左转动，慢慢前弓，腿成左弓步；右手掌前按，同时，右腿蹬，左掌经胸前内旋，掌心朝下，向左膝前搂出，置于左膝外侧。眼向前看，兼顾左右手（见图 10.4、10.5）。

要领：

1. 右手臂向后抽拉时，与肩形成一条右直线为止（西南方），不能抽过，抽过则肩关节变死，动作不灵，并影响气血畅通。

2. 右掌前按时右臂不能伸直，要稍有弯曲，肘尖下垂，以蓄势待发。

3. 右掌前按，坐腕立掌。手掌不能上下垂直，要斜立。如果直立，手腕僵硬，阻止气血畅通，气血不能达于手指。

4. 右腿蹬时，不能挺直，直则僵硬。膝部稍微弯曲，右掌前击时才有爆发力。

第十一式　右搂膝拗步

动作：由前式不停，上身以腰胯带动，向左侧转动，左脚尖外撇约30度，身体重心移至左腿，右腿向前迈出一步。右手前臂向左，掌心朝下，划一圆弧，向右膝前搂去，置于右膝外侧，掌心朝下按，掌指朝前；同时左掌外旋，掌心朝上，向后抽挂，再向上内旋，左臂划弧与肩平时，屈肘，左掌经左耳旁，使手指斜向前（东方），掌心斜朝下前按，逐步变成手指向上掌心朝前（东方），但手掌不能过直，要略有倾斜（见图11.1、11.2、11.3、11.4）。

要领：

1. 左右手划弧旋转，要同时进行。

11.1

11.1（侧）

11.2

11.2(侧)

11.3

11.3(侧)

11.4

11.4(侧)

2. 左脚外撇时，身体重心不能后移，要用实腿转；因为这是进攻对方，如果后撤，就给对方造成进攻的机会。

3. 用实腿外撇转动时，身体重量不能往下硬压死转，头要虚领顶劲，带动胯向上微提，作到实中有虚，转动灵活。

第十二式　左搂膝拗步

动作：由前式不停，右脚尖外撇，以腰带动向右转身，右手掌外旋，掌心朝上，随转身向右后西南方向抽右臂上翻，手指朝前（东方），掌心斜向下。同时左脚向前（东方）迈出一步，先脚掌后

12.1

12.1（侧）

12.2

12.2（侧）

12.3

12.3(侧)

12.4

12.4(侧)

半部分着地,逐渐脚掌落平。随着右掌经右耳旁向前方推出的同时,左手臂抬起向右经胸前向左膝前搂出,置于左膝外侧,掌指朝前,掌心下按,眼向前看,兼顾左右手。动作要求同前十一式右搂膝拗步,唯左右不同(见图 12.1、12.2、12.3、12.4)。

要领:

1. 向右后抽挂右臂手掌前按时,眼神主要跟随此手动,并用余光兼顾左手,要虚领顶劲,用头转动跟随。

2. 右掌前按,弓左腿蹬右腿,左掌外搂下按,几个动作要同时进行，做到一动无不动。

3. 右掌前按转腰时，要做到转腰同时松胯，有折叠劲。右腿蹬、转腰、松胯、坐胯同时进行，协调一致，发力才能劲整。

4. 转腰、松胯、坐胯，不能上身重量死死地压在腿上，要从腰以上用头虚虚上提，才能转动灵活，沉而不死。

第十三式　手挥琵琶式（亦称抱琵琶）

动作、要领：同前第九式（见图 13.1、13.2、13.3）。

13.1

13.1（侧）

13.2

13.2（侧）

13.3

13.3(侧)

14.1

14.1(侧)

14.2

14.2(侧)

14.3

14.3(侧)

14.4

14.4(侧)

14.5

14.5(侧)

第十四式　左搂膝拗步

动作、要领：同前第八式（见图 14.1、14.2、14.3、14.4、14.5）。

第十五式　进步搬拦捶

动作一：由前式不停，先将左脚尖外摆约 45 度，腰身渐向左转，然后出右脚往前（东方）迈出一步，腰身又回向右转，右脚尖外摆约 40 度斜横落地，同时右掌由前下落变立拳上翻至胸前，左掌抬起上绕胸前，落于右腕上，两臂上搬（见图 15.1、15.2）。

动作二：重心移于右腿，右拳遂上翻拳心朝上，经胸前置于

15.1

15.1（侧）

15.2

15.2（侧）

右肋旁，同时腰身向左转，左掌向外左拦开，左掌手指朝上，掌心朝右（见图 15.3、15.4）。

15.3

15.3（侧）

15.4

15.4（侧）

动作三：右拳由仰拳变立拳向前击出，同时左掌回收至右胸前，左脚向前（东方）迈出一步弓步坐实，右腿蹬，成为左弓步（见图 15.5）。

要领：

1. 左脚尖外撇时，重心仍在左腿，不能后移，头虚顶上领，左脚跟随腰实转，因为这是既招架又进攻。如重心后移，必然被

15.5

15.5(侧)

对方趁虚而入。

2.手臂上搬时,左掌必须放在右腕臂之上,同时上搬,这样才能做到:一是护住自己的前胸,二是两手上架(搬),比一手力量大。

3. 手脚动作必须协调一致,不能有的动有的不动,如左脚外摆,左手上提,右手下落,这几动应同时进行,紧接着右拳前击,左掌抽回,左腿前迈出步,右腿前蹬这几动也要同时进行,且要前后两段连绵不断,一气呵成。

第十六式　如封似闭

动作一:由前式不停,右拳变阳掌,手心向上,同时左掌心翻向上置于右腋下,身体重心后移坐右胯(见图 16.1、16.2)。

动作二:用腰部力量将两手抽回,随着向后抽身,两手向左右分开,与肩同宽,收回至胸前,高与鼻平。沉肩垂肘,涵胸拔背,坐实右腿,手指斜朝上,手心斜向对(见图 16.3、16.4)。

动作三:上身下沉,两胯折叠,两手臂慢慢内旋,两掌斜立掌心朝前(东方)推出,如似关门;同时右腿蹬(不宜太直),左腿弓,成左弓步(见图 16.5)。

16.1

16.1(侧)

16.2

16.2(侧)

16.3

16.3(侧)

16.4

16.4(侧)

16.5

16.5(侧)

要领:

1. 由搬拦捶变如封似闭时,左手向右腋下插入,右拳上翻变掌,同时进行,不能有先有后。

2. 两手掌向前推,与左腿弓、右腿蹬同时进行。做到发于脚,形于腿,主宰于腰,通过脊背达于掌指。

3. 向后抽身和两手前按时,不能后仰前弓,更不能挺胸凸臀,要做到立身中正,不偏不倚。

第十七式　十字手

动作一：由前式不停，由腰脊带动身体后移，左脚内扣。右脚外摆，同时身体右转（面向正南），带动两手臂上举，两手高于头顶（见图 17.1）。

17.1

17.1（侧）

17.2

17.2（侧）

动作二：两手由上向左右分开，掌心朝外（南方）（见图 17.2）。

动作三：两腿屈膝，身体慢慢下蹲，如骑马式；同时两手继续向左右分开，划弧，随身势下落，手心由外翻朝下，朝里（北

17.3

17.3(侧)

17.4

17.4(侧)

17.5

17.5(侧)

方)下落于膝下,手指朝下(见图 17.3、17.4)。

动作四:随即起身,带动两手,经两膝前往上合抱,至胸前,左手在里,右手在外,交叉成斜十字手,手心朝里,手指斜向左右上方。同时右脚先向里扣脚尖,后用腰力带动,收回于左脚内侧,两腿平行站立,距离与肩同宽(见图 17.5)。

要领:

1. 由前式两手前按转入身体后拉,带动两手臂上挑,向右转身,左脚内扣,右脚外摆,中间不能间隔停顿,应一气呵成。

2. 身体上起时,左右两臂要随身起,慢慢交叉合抱于胸前,和身体上起同时完成,协调一致,一动皆动,一停皆停。

3. 身体起立后,右脚收回时,先将右脚内扣,提起脚跟,脚尖点地,重心全移左腿,用腰胯带动右腿收回,不能拖回。

第十八式　豹虎归山(抱虎归山)

动作一:由前式不停,上身向右转(约 40 度)朝西南,带动左脚尖往里扣,然后上身下沉向左转身朝正南(见图 18.1)。

动作二:眼神注意左手,左手下落向后抽,掌心朝上,以弧形上举,手指朝前,掌心斜朝下,经左耳旁向前(西北)推出,右脚同

18.1

18.1(侧)

18.2

18.2(侧)

18.3

18.3(侧)

18.4

18.4(侧)

时向右后方（西北方）迈出一步（见图 18.2、18.3）。

动作三：右腿弓，左腿蹬，成为右弓步；右掌随腰向右后转时经胸前翻掌朝下，向右膝前搂出，置于右膝外侧（见图 18.4）。

要领：

1. 身向右转左脚尖往里扣，同时进行。

2. 身向左转，向后抽左手时，不能低头弯腰，上身要直，腰转同时带动左手臂后抽，翻掌前按时也是用腰转动带动左手臂前按。

3. 沉肩垂肘，眼神要主要看主要动作的手，不能左手后抽前按，眼向右看。余光兼顾其他。

第十九式　斜揽雀尾(掤、捋、挤、按)

掤：

动作：由前式不停，左手臂外旋掤圆，手心斜朝里，右手臂前伸上提略高于肩，置于左手前，手心斜朝下(见图 19.1)。

捋：

动作：上式不停，左手外旋，手心朝上，右手内旋手心斜朝下，用腰带动两手臂往左后抽，重心移于左腿，左手置于左腰旁，

19.1

19.1(侧)

19.2

19.2(侧)

19.3

19.3(侧)

19.4

19.4(侧)

19.5

19.5(侧)

19.6

19.6(侧)

右手置于右胸前，右脚变虚步，眼神注意两手(见图 19.2)。

挤:

动作:右前臂外旋，掌心朝里，手指斜朝左上，沉肩垂肘；同时左手臂内旋，掌心朝前，手指朝上，以左掌心贴于右手脉门处(即右手腕部)，右腿弓，左腿蹬，重心移于右腿，以腰脊之力，向前挤去，至与右脚尖垂直线处齐为止(见图 19.3)。

按:

动作一:重心后移，两手臂用腰脊之力向后抽回，随抽两臂随向两边分开，与肩同宽，两前臂斜立胸前，高与眼平，手指向上，手心朝前；同时左腿屈膝下蹲，右脚变虚步（见图 19.4、19.5）。

动作二：上式不停，重心前移，右腿屈膝下蹲，左腿前蹬为右弓步；同时两手掌前按，至与右脚尖垂直线处齐为止（见图 19.6）。

要领：

1. 捋回时，既不是采，也不是拨，是两者之间，顺对方来势，往后捋之，化其来力。如对方来力太大，必被我引化落空，甚至自己跌出。如对方察觉，急于抽回，我便反手挤之。

2. 挤、按式，身体回抽和向前挤按时，要立身中正，不能前俯后仰，更不能失去重心。因此要肘不能过膝，手不能过脚尖。

3. 由挤变按，向后抽回手臂时，不能抽得太过，形成肘在前，手掌在后，也不能手指和肘形成上下一条直线，必须手在前，肘在后，形成上前下后一条斜线，这样发劲时才能有力，也不易被对方按住，有力发不出去。

第二十式　斜单鞭掌

动作一：由前式不停，两臂用腰脊之力向后拉，手与肩平，两肘下垂，稍有弯曲，用腰脊之力，带动两臂随身体向左滑动，面向西南，重心移于左脚（见图 20.1、20.2）。

动作二：身势右转，以腰带动两臂再向右滑动，重心移于右脚，右臂经胸前往右后（东北方）伸直，稍有弯曲，五指自然下垂；同时左脚收回，脚尖虚点地，置于右脚内侧，左手臂随身体右转，手心朝里，在右肩前（见图 20.3、20.4）。

动作三：上动不停，左脚向左（西南方）迈出一步，屈膝坐实，右腿前蹬成左弓步；同时左掌内旋经胸前向西南方推出，手指朝上，掌心斜朝前，左手低于后右手（见图 20.5）。

20.1

20.1（侧）

20.2

20.2（侧）

20.3

20.3（侧）

20.4

20.4(侧)

20.5

20.5(侧)

要领:

1. 斜单鞭右手不变勾手,系五指向下松垂,用捋和采把对方来力化去,用手指根部和腕部击打之。

2. 左右滑动时要涵胸、拔背,尾骨内收上提,立身中正,头顶上领,下颌微收。不能低头仰头。

3. 左脚收回时,要脚尖虚虚点地。向左迈步时,要先脚跟触地,慢慢全脚掌着地,全身重量,渐渐移至左脚,这样才能做到全身和脚掌放松,不出现断劲。如果对方用脚击我的左脚,我可马上抬起收回,不被对方击中。因为我向左边迈出左脚,我身体重量仍在右脚上，左脚虚出，脚跟虚触地，身体重量慢慢左移。

4. 单鞭定式后，身体的重量掌握前七后三（前 70%，后 30%）或者前 75%后 25%，两腿重量不能相等，相等就是双重。

5. 前后脚间距，要根据个人姿势高低而定，如果年轻人架子低，前后距离大一点，否则距离小，应以接下个式子转换灵活为标准。

6. 斜单鞭向左右滑手时，两脚原地不动。但在初学时，筋骨还没有松开，有点拧，向左滑手时，右脚可以向左扣，向右回滑时，脚再摆回。

第二十一式　肘底捶

动作一：由前式不停，先右脚尖内扣，再左脚尖外摆，上身随腰胯向左转动（见图 21.1）。

动作二：右脚向左后跟一步（见图 21.2）。

动作三：上身继续向左转，面朝正东，重心移于右脚，屈膝坐实；同时左脚提起落下，脚尖朝正东，脚跟虚虚点地，两臂同时跟随身势左转，左手掌置于胸前侧立掌，手心朝南，手指朝上，五指自然分开，高于鼻尖；右手握拳于左肘下，拳眼朝上对准左肘尖，

21.1

21.1（侧）

21.2

21.2(侧)

21.3

21.3(侧)

眼视左手(见图 21.3)。

要领:

1. 身体和两臂向左转动,右脚跟步,要同时进行,做到一动无不动。

2. 右拳放在左肘下,距离为半拳左右,以挡住对方的拳击入,我趁势向对方击之。

3. 右腿坐实,左脚跟虚点地,避免双重,便于前进后退灵活。

第二十二式　右倒撵猴

动作一：由前式不停，右胯根内收，身势稍右转，右拳变掌外旋，手心朝上，由肘带动，经右腰胯间弧形向右后抽挂；左掌同时向左前方外旋下落，手心向上（见图 22.1、22.2）。

动作二：重心移于右腿，左腿往后（正西方）退一步，坐实，成半马步；右手掌由后绕上，掌心斜朝下，手指朝前，经右耳旁向前按出；同时腰向左转带动右脚左扣。右手前按时眼视右手，左手向后抽拉，眼视左手；左右两手臂拉直，高与肩平，肘下垂，肩松沉，身体转朝北（见图 22.3、22.4）。

22.1

22.1（侧）

22.2

22.2（侧）

22.3

22.3(侧)

22.4

22.4(侧)

第二十三式　左倒撵猴

动作:由前式不停,右脚往后(正西方)退一步,左手掌由后往上绕,掌心斜朝下,手指朝前经左耳旁按出,高与肩平,眼视左手。上动不停,腰向右转带动左脚向里扣,右手外旋掌心朝上往右后抽拄,眼神随腰转动,看右手臂后拉;左右两臂拉直,高与肩平,肘下垂,肩松沉,两掌心朝上,身体转朝南(见图 23.1、23.2、23.3)。

23.1

23.1(侧)

23.2

23.2(侧)

23.3

23.3(侧)

第二十四式　右倒撵猴

动作：由前式不停，左脚往后（正西方）退一步，右手掌由后往上绕，手掌心斜朝下，手指朝前经右耳旁向前按出，高与肩平；同时腰向左转带动右脚向里扣，眼视右手；左手外旋，掌心朝上，向左后抽挂，置于左胯，眼视左手，左脚外摆，重心移于左腿，身体转朝北（见图24.1、24.2、24.3）。

要领：

1. 由肘底捶变倒撵猴，右手后抽，左手前推，同时进行；然后

24.1

24.1（侧）

24.2

24.2（侧）

24.3

24.3(侧)

左脚向后迈步，连贯一致，中间不停，左脚后抽落地时，先大脚趾触地，慢慢地全掌落地，重心移于左腿。

2. 右掌前按时，重心仍在右腿（前边腿）。用腰左转同时带动右掌前按，用意在于先按住对方不得进攻。然后右脚里扣，身体左转，重心后移坐实，左手后抽，右手前按，做到边按边退。两臂拉平，手心朝上，肘下垂，因为这个式子是退式，但是退中有进，给对方一个错觉，使对方不能马上进攻。

3. 左右倒撵猴，向后退步时，保持身体平衡，不能东倒西歪，左右摇摆，身体不能忽高忽低。

第二十五式　斜飞式（带下打十字手）

动作一：下打十字手

由前式不停，身势左转，左脚尖外摆，屈膝坐实，右脚尖里扣提起，划弧向左前（北方）迈出一步，脚尖虚点地，成为右虚步；同时，右手臂随身势左转，由右前往左下收回，置于腹前，手臂往身前（北方）斜下伸直，掌心朝上。左手臂同时上举，由左向右划弧绕行至腹前，盖于右臂之上，手心朝下，两手心相对，左手掌盖于右腕上（见图 25.1、25.2）。

25.1

25.1(侧)

25.2

25.2(侧)

25.3

25.3(侧)

25.4

25.4(侧)

25.5

25.5(侧)

要领:

1. 身体左转、左脚尖外摆、右脚尖向里扣;右手臂下落;左手臂后抽回旋,上下动作,要同时进行。

2. 右脚向前方(北方)迈出,右手臂往左下收回,置于腹前;左手臂由下往上往右划弧,置于腹前,盖于右臂之上,两手心相对,上述动作左右同时进行,协调一致。

3. 左脚尖外摆时,重心仍在左腿,用实腿摆脚。因为这个式子是进攻对方用的,重心不能左右转换,否则失去良机。

动作二:斜飞式

由前式不停,右脚向右后(南方)撤出一步,先拇趾触地,慢慢全脚掌落地,重心后移,同时身体向后转动,用腰带动右手臂向右后上方转动,先向里扣左脚尖,再向外摆右脚尖,右腿屈膝坐实,蹬左腿,成为右弓步,面向正南。右手臂随腰向右前方转动,向右上方伸出,掌略高于肩,手臂外旋,手心斜向左方,沉肩坠肘;同时,左手臂伸直,随腰转动,与左肩形成一条直线,置于左腿外侧,手心朝里,掌指斜朝下,五指分开,自然弯曲;眼神随右手臂向右转动,目视前方(南方)右手臂(见图 25.3、25.4、25.5)。

要领:

1. 身势后撤,重心后移,两手臂向左右分开,右手臂随身体向右后转动,几动同时连续进行,中间不要停顿。

2. 身体向右后转动时,先向里扣左脚(尖),再向外摆右脚尖,右脚外摆与身体向右后转同时完成,面向正南。

3. 以腰带动右手臂向右后转动,左手臂向左后伸直,置于左腿外侧,同时进行,不能有先有后,唯脚随身体向右后转动时,先向里扣左脚尖,再向外摆右脚尖。如果两脚同时移动,则身体不稳。

第二十六式　提手上式

动作:由前式不停,左脚向前跟半步,屈膝坐实;右脚向前迈半步,以脚跟虚虚点地于左脚之前,右手内旋,手心斜朝下,回收至右胸前,略高于肩;手指斜朝上,手心斜朝左;同时左手由后往上弧形绕至左胸前,手指斜朝上,手心斜朝右,置于右肘内侧约 30 厘米处;两臂右长左短,环抱于胸前,沉肩垂肘,面向正南方(见图 26.1、26.2)。

要领:与第六式不同处,第六式由单鞭右臂下落,再以弧形上提，用立掌击打对方下颌，再用掌击其面部；斜飞式变提手上式，以腰带动右臂斜向右后直线上提，先用手背击打对方，然后变立掌击其下颌及面部，其他要求相同。

26.1

26.1（侧）

26.2

26.2（侧）

第二十七式　白鹤亮翅

动作、要领：与第七式白鹤亮翅相同（见图 27.1、27.2、27.3、27.4）。

第二十八式　左搂膝拗步

动作、要领：与第八式左搂膝拗步相同（见图 28.1、28.2、28.3、28.4、28.5）。

27.1

27.1（侧）

27.2

27.2（侧）

27.3

27.3（侧）

27.4

27.4(侧)

28.1

28.1(侧)

28.2

28.2(侧)

28.3

28.3(侧)

28.4

28.4(侧)

28.5

28.5(侧)

第二十九式 海底针

动作一：由前式不停，左腿踏实，右脚向前跟半步，置于左脚后边，重心移于右脚，左脚前掌触地变虚步，同时左右手上提，右手高与肩平，左手上提于胸前，两手心斜向对（见图 29.1、29.2）。

29.1

29.1（侧）

29.2

29.2（侧）

动作二：两腿屈膝下蹲，右实左虚，两手臂下落，顺对方来势下采，置于两脚前，右手略高于左手（见图 29.3）。

要领：要身势下蹲，上身稍向前倾斜，要收臂，带动两臂下落，这样才有整劲，不能单用手的力量下采。

29.3

29.3（侧）

第三十式　扇通臂

动作：由前式不停，身势上起，向右转身，右手上提随臂内旋，手掌翻朝外（南方），置于右额上方，同时左手掌提起至胸前，掌心朝前（南方），手指斜向上，左脚向左（东方）迈出一步，屈膝弓步坐实，蹬右腿成左弓步，同时左掌向左前方（东方）推出，手指略高于肩，沉肩，垂肘，眼神随左手前视（见图30.1、30.2、30.3）。

要领：

1. 身势上起，左脚向左前迈出，同时进行；身体右转，右手臂

30.1

30.1（侧）

30.2

30.2(侧)

30.3

30.3(侧)

翻朝外,左掌向左前方(东方)推出同时进行。

2. 右手外旋,掌心朝外;左手外旋,掌心朝前;左腿弓,右腿蹬;三个动作同时进行,一气呵成。

第三十一式 翻身撇身捶

动作一:由前式不停,向右转身带动右脚跟里扣,随着继续右转,左脚尖里扣,面向正南,右手下落于胸前,手心朝下。同时,左手由左上往右划圆弧落下,置于右臂之上,两手握拳,掌心翻朝外(南方),两手臂左上右下环抱胸前,双腿屈膝坐实成马步

（见图31.1、31.2）。

31.1

31.1（侧）

31.2

31.2（侧）

动作二：上动不停，左脚尖里扣，身体重心移于左腿，右腿变虚，提右脚向右后（西北）迈出一步，成右虚步，身体随之转向西北方，右拳自胸前左臂内外翻，拳心朝上，由下往上向西北用捶打去。左拳随右转身置于右肩前上侧（见图31.3、31.4）。

要领：

1. 由扇通背向右转身，面向西南，在转身同时，用腰带动右脚跟里扣，再左脚尖里扣，两脚均呈南北向，否则拧腿，身体不

31.3

31.3(侧)

31.4

31.4(侧)

稳,气血不畅。

2. 身体右转,带动右脚跟里扣、右掌下落、左掌向右划弧,同时进行。

3. 身体继续右转,面向正南,左右手臂下落,右臂在下、左臂在上,两拳在胸前环抱,要拳高肘低,沉肩坠肘。如拳和肘一般高,在一条水平线上,必然造成耸肩、撑肘。

4. 在转身向右后迈步时,右脚划圆弧向外迈出,先脚跟着地,慢慢全脚掌着地。

5. 翻身向右后撇捶时，右腿直立落实，不能弓步。

第三十二式　高探马

动作：由前式不停，左拳变掌外翻，手心朝外，手指斜朝右，运用腰力，斜横掌向前推出，击打对方面部。右拳同时回收，拳心朝上，置于右腰旁。在推掌同时，右腿弓，左腿蹬，成右弓步（见图32.1、32.2）。

要领：

1. 向外推掌时，手高于肩，形成斜立，要沉肩坠肘。

32.1

32.1（侧）

32.2

32.2（侧）

2. 在向外推掌时，要前腿弓，后腿蹬，以助左掌前推之力。一定自左脚发力，通过腿到腰达于手，这是整劲。

第三十三式　上步搬拦捶

动作一：由前式不停，身势收回往左后转，重心移于左腿，右拳变掌落至右腿外侧，再往左方抬起，至胸前握拳，拳心朝左；左掌同时下落于右腕之上，掌心朝右，两臂斜交叉往上搬（见图33.1）。

动作二：右脚以腰带动提起，弧形向前（西方）迈出，脚尖外

33.1

33.1（侧）

33.2

33.2（侧）

33.3

33.3(侧)

33.4

33.4(侧)

摆，斜横落于左脚右前方，屈膝坐实，重心移于右脚(见图 33.2)。

动作三：左脚提起向正前方(西方)迈出一步，虚步触地，右拳上翻拳心朝上，收回于右肋旁；同时左掌向左开(拦)，掌心朝右，手指向上高与肩平(见图 33.3)。

动作四：左腿屈膝坐实，右腿蹬，成为左弓步；同时右手变成立拳，以拳心朝左向前击出(见图 33.4)。

要领：

1. 高探马变搬拦捶时，右拳落下变掌，向左前方抬起变拳，连续做这些动作的同时，右脚提起向正前方迈出，左掌下落于右腕上，也一并进行。

2. 左脚向正前（西方）迈出时，右拳抽回打出，左腿屈膝坐实，蹬右腿，也是同时进行。

第三十四式　上势揽雀尾

动作：由前式不停，左脚尖外摆，重心移于左脚，随身体左转，右拳变掌向左前方（西向）弧形掤出，手心朝里，手背朝外略高于肩，手高肘低，沉肩坠肘，右手臂圆弧抱于右胸前；右脚同时

34.1

34.1（侧）

34.2

34.2（侧）

34.3

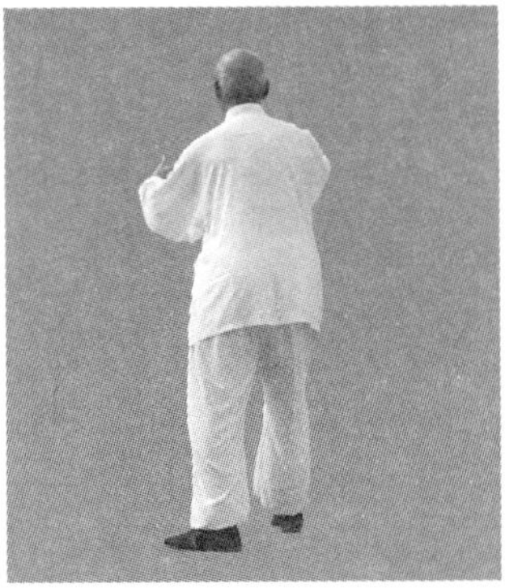

34.3(侧)

34.4

34.4(侧)

34.5

34.5(侧)

34.6

34.6(侧)

34.7

34.7(侧)

34.8

34.8(侧)

34.9

34.9(侧)

34.10

34.10(侧)

向正前方(西方)迈出一步,屈膝坐实;左手臂以弧形下落抱于左胸前,手心斜朝右;两手心斜向对,右手臂高,左手臂低,变成双掤。接后续的挤、按。

动作、要领:与前第四式揽雀尾相同(见图 34.1 、34.2、34.3、34.4、34.5、34.6、34.7、34.8、34.9、34.10)。

第三十五式　单鞭掌

动作、要领:与前第五式相同(见图 35.1、35.2、35.3、35.4、35.5、35.6、35.7)。

35.1

35.1(侧)

35.2

35.2(侧)

35.3

35.3(侧)

35.4

35.4(侧)

35.5

35.5(侧)

35.6

35.6(侧)

35.7

35.7(侧)

第三十六式 右云手

动作一：由前式不停，先左脚尖稍向里扣，身势右转；再右脚尖向里扣，重心移于左腿，松腰胯坐实，右脚向左收回，置于左脚内侧，脚尖点地。同时右勾手变掌，手心朝下，手臂下落，由腰带动，自右向左划弧，经胯、裆前由下往上面向东南经左肩往右旋转，划一大圆圈置于嘴前，相距一尺左右，面向西南；掌心随右臂划圈翻转朝里，掌指斜向上，沉肩坠肘。左手随着右手臂下落上旋，同时下落于左腿外侧，伸直斜立，掌心朝里，掌指向下（附图

36.1

36.1(侧)

36.2

36.2(侧)

36.3

36.3(侧)

36.4

36.4(侧)

36.1、36.2)。

动作二:由腰带动上身向右旋转,面向西南,右手在右肩前,掌心朝里,手指斜朝上。左手随腰转动至右腹前,掌心朝里,手指斜朝下,随着腰同时转动。右脚慢慢落地,重心移于右腿,左腿慢慢抬起,左脚变虚(见图 36.3、36.4)。

第三十七式 左云手

动作:由前式不停,左脚向左方(东方)迈出一步,先脚掌内缘,后半部分先触地,随身势左转慢慢落实。用腰带动身势向左

37.1

37.1(侧)

37.2

37.2(侧)

37.3

37.3(侧)

37.4

37.4(侧)

旋转,面向东南。同时左手臂由右下弧形向左上旋转经右肩往左至嘴前,相距一尺左右,掌心朝里,掌指斜向上,沉肩坠肘。右手臂亦随身转动下落到右腿外侧斜立,与肩形成一条斜直线,掌心朝里,掌指斜向下(见图 37.1、37.2、37.3、37.4)。

第三十八式　右云手

动作一:由前式不停,右脚收回置于左脚内侧,脚尖点地,右手臂由右下向左上旋转至左肩前,再向右旋于嘴前,相距一尺左右,掌心朝里,掌指斜向上(左上方)。左手臂下落于左腿外侧斜立，掌指斜朝下，掌心朝里（见图 38.1、38.2）。

动作二：身势继续向右旋转，面向西南。右手掌在右肩前，掌心朝里，掌指斜向上。左手随腰转动至右腹前，掌心朝里，手指斜向下。随身势右转动，右脚跟慢慢落地，左脚跟慢慢抬起，重心移于右腿，左脚变虚（见图 38.3、38.4）。

要领：

1. 以上三个云手，是化解对方来犯之势，因此不能硬搏。必须沉肩，坠肘，松腰，屈膝坐胯。手臂不能平直掤于胸前，必须手

38.1

38.1（侧）

38.2

38.2（侧）

38.3

38.3(侧)

38.4

38.4(侧)

高肘低,斜立于胸前,以松肩转腰胯化解对方。掤势将尽时,手臂内旋变采使对方落空。

2. 两手臂随腰转动,右手臂下落左手臂抬起,或左手臂下落右手臂抬起,同时进行。手臂划弧大的转速稍快,手臂划弧小的转速稍慢点,两手臂动作要同时结束。

3. 左脚向左方迈出一步时,重心仍在右腿上,待左脚掌内侧落地后,重心慢慢地向左腿移动落实,坐实后再收右腿,不能出现断劲。

4. 左、右云手时，要涵胸拔背，头虚领，收腹收臀。眼神要跟随主要动作的手随时变化，不能停滞呆板。

5. 以上三式云手，两腿弯曲，不能直立，重心左右移动时，要缓缓进行，速度均匀，右脚向左脚收回，左脚向左方迈出一步时，身体仍保持原来高度。不能忽起忽落，否则易出断劲。

第三十九式　单鞭掌

动作：由前式不停，身体继续向右转，同时，右手心下翻变采、捋动作，向右伸出，肘下垂稍有弯曲，变勾手，五指捏拢，勾手

39.1

39.1(侧)

39.2

39.2(侧)

39.3

39.3(侧)

朝下,手腕下垂,手指向里扣。同时,左手向上向右移动于右肩内侧,掌心朝里。其余动作、要领同于前第五式单鞭部分(见图39.1、39.2、39.3)。

第四十式　高探马

动作一:由前式不停,身势左转,身体重心移于左腿,右勾手屈肘收回,置于右腮旁。同时右脚收回,落于左脚后边,先脚尖触地,慢慢全脚掌落实,重心移于右腿,左脚变虚,脚尖触地,左手掌由上向下于落胸前,掌心翻朝上(见图40.1、40.2)。

40.1

40.1(侧)

40.2

40.2(侧)

40.3

40.3(侧)

40.4

40.4(侧)

动作二：身势继续左转，右勾手变掌经胸前左掌上方向前斜立掌推出，掌心斜朝外，掌指斜向左上方，右腕与肩平。推右掌同时，左掌收回，置于胸左侧（见图 40.3、40.4）。

要领：

1. 右勾手屈肘收回，与右脚收回坐实，左手臂下落收回胸前，掌心翻朝上，两手臂与右脚动作，同时开始同时结束。

2. 右手掌向前推时，必须沉肩坠肘，以斜立掌推出。如果用平行横掌推出，势必造成耸肩抬肘，一是违背拳理，二是发力受阻，爆发力度不够。

3. 右勾手收回，身体左转，左手臂下落回收，一定要松胯转腰，要用腰带动手臂转动，用胯带动右腿脚收回。

第四十一式　右分脚

动作一：由前式不停，身势右含，以腰带动右手臂外旋，向右方划弧。同时左手臂内旋也向右上方划弧，再用腰带动两臂，由右上向左前上方旋转，面向东南，身势下沉，右腿坐实，左脚向左前东北方迈出一步（见图 41.1、41.2）。

动作二：以腰带动身势向左旋转，两臂向中间合抱斜十字手

41.1

41.1（侧）

41.2

41.2(侧)

41.3

41.3(侧)

41.4

41.4(侧)

于胸前，两手握拳，拳心朝里，右手在里，左手在外，左腿屈膝坐实（见图41.3）。

动作三：动作不停，身势上提，左腿起立带动右腿提起用腰力向右前方（东南方）用脚背横扫，脚背面斜向左方（东北方向），脚背面略高于胯；同时身势上升，双拳变掌，两手臂向左、右分开，两掌心翻朝外，两手指斜立于左、右上方，右手高度与前额平，左手略高于头，两手臂稍有弯曲，沉肩坠肘（见图41.4）。

要领：

1. 身势上提，左腿起立，不能伸直僵立，要稍有弯曲。如果僵直站立没有松沉，身体不稳，容易被人制约、击中、击倒。

2. 这个式子是防攻并用，开始左右旋转是以捋挂对方来势，随起右脚，用脚背或内缘横击对方裆、腰、胯下半部，同时两手臂分开击打对方上部，做到上、下同时进行。

3. 两手臂交叉胸前，右手臂在里，左手臂在外。因为对方在我的右前方向我进攻，我右手在里左手在外的目的是用掤劲挡住对方来势，我从左手臂里抽出右手，配合右脚击之，使其上下受敌。同时左右手分开，一是化解对方来势，二是保持重心平衡，身体稳固。如果右手在外被对方按住，我右手不能还击对方上部，只用右脚背击打对方下半部，势必威力减小。

4. 两手臂分开，不能挺直，要弧形弯曲，做到沉肩坠肘，涵胸拔背。

第四十二式　左分脚

动作一：由前式不停，右脚下落于右身前一步（东南方），脚跟先着地，重心慢慢移于右腿，屈膝半蹲；同时两手臂向胸前合抱，两手握拳，拳心朝里，左手臂在里，右手臂在外，两手臂斜交叉于胸前（见图42.1、42.2）。

42.1

42.1(侧)

42.2

42.2(侧)

动作二:动作不停,身势上提,右腿起立,带动左腿提起,向左前方(东北方)运腰力用脚面或内缘横扫,脚面斜向右方(东南方向),脚面略高于胯;身势上升,同时两拳变掌,两手左右分开,两掌心翻朝外,两手指斜立于左右上方,左手高度与前额平,右手略高于头,两手臂不能伸的太直,应稍有弯曲;沉肩坠肘(见图42.3、42.4)。

要领:

1. 左分脚与右分脚动作要求基本相同,仅方向不同,防对方

42.3

42.3(侧)

42.4

42.4(侧)

来势,击打对方部位不同,都是用捋、挂、掌击、脚踢。

2. 身势上提,右腿起立,右腿不能伸直僵挺,要稍有弯曲,从腰、胯往下用意念往下松沉,腰胯以上用头以意念上领,这样才能做到下沉上轻,身体稳固轻灵。

3. 右脚落下,两臂合抱于胸前,是捋挂对方来势,两手臂分开击打对方上部;左脚提起,用脚面内缘横击对方腰、胯、裆下半部,做到上下同时进行,使对方上下受击,无还击之力。

4. 两手臂交叉胸前,左手臂在里右手臂在外的目的,是对方在我的左前方，向我进攻时，我从右手臂里抽出左手，配合左脚击之，使其上下受击。如果我左手在外，被对方按住，我左手不能还击对方上部，只能用左脚击打对方，势必威力减小。在身势上起，左脚抬起，同时左右手臂分开，一是化解对方来势并击打对方，二是保持重心平衡，身体稳固，因此后边手臂必须高于前边手臂，才能保持身体重心平衡，否则前仰后合，身势不稳。

5. 两手臂分开，要和身势上起同时，不能有前有后；两臂要有弧形弯曲，做到沉肩坠肘，涵胸拔背。

第四十三式　转身左蹬脚

动作：由前式不停，以右脚跟为轴，身势向左方旋转，面向前方（朝北），左脚在左前方落地，屈膝坐实，成为弓步；同时两臂回收，合抱交叉斜十字手于胸前，左手臂在里右手臂在外，双手握拳，拳心朝里，向里扣右脚尖，重心移于右腿。身体起立，带动左腿提起，用腰力向左前方（西方）蹬出，脚尖朝上，脚掌朝前略高于腰胯；同时两拳变掌，两手臂在面前左右分开，掌心朝外（北方），左手在高度与前额平，右手略高于头，两臂弯曲，两肘下垂（见图43.1、43.2、43.3、43.4、43.5）。

要领：

1. 此式是转身招架对方来击，因此转身落步，两臂收回合抱动作要协调一致，中间不能停顿，上身要正，不能前仰后合。

2. 身体起立，右腿不能僵直，要稍有弯曲，蹬脚与左右两手臂向左右分开同时进行，做到上打下蹬；两手臂分开，要稍有弯曲；沉肩坠肘。

3. 眼神要配合动作，不能停滞呆板，如转身下蹲，两手臂合抱，眼神要注意前方两臂动作，身体起立蹬左脚时，眼神要注意左手前伸，兼顾左脚蹬出。

43.1

43.1(侧)

43.2

43.2(侧)

43.3

43.3(侧)

43.4

43.4(侧)

43.5

43.5(侧)

4.两手臂合抱,左手在里右手在外的目的,也是为了掤、拦对方来击,便于左手抽出还击,也叫左藏手,否则左手不易抽出击打对方。

第四十四式　左搂膝拗步

动作一:由前式不停,右腿屈膝下蹲,同时左腿下落左前(西方)前伸落地,重心渐移左腿,蹬右腿成左弓步;同时右手臂弧形下落,右手掌斜立,掌指斜朝前,掌心斜朝下,经右身上向前(正西方)推出,掌指朝上,掌心朝前。

44.1

44.1(侧)

44.2

44.2(侧)

动作二：与动作一同时，左手臂下落掌心朝下，往右经胸前向前向左划一圆弧，下落左膝前搂出，至左膝外侧下按，掌指朝前，掌心朝下（见图44.1、44.2）。

要领：

1. 右腿屈膝下蹲，左腿下落前伸时，左腿稍微收回划一半圆弧迈出，如果以左脚直接落下易出现断劲，不符合连绵不断的要求。

2. 左右手收回按出外搂和左脚下落迈出，两手一脚，左右上下协调配合，同时结束，要做到一动无不动。

3. 眼神先随左脚看左手，再看右手前按，照顾左手下按。

4. 右手臂划弧前推、左手臂划弧按，与左腿弓、右腿蹬要同时进行，同时结束。

5. 右手掌前推，左手掌下按，右腿前蹬，臂腿不能挺直僵硬，一定要松肩，沉肩坠肘，膝稍屈，留有爆发余地。

第四十五式　右搂膝拗步

动作：由前式不停，以左脚跟为轴，左脚尖外撇，右脚向前方（西方）迈出一步，脚跟先着地，慢慢全脚掌落地，身体重心前移，右腿屈膝坐实，蹬左腿成为右弓步。同时左手心上翻，掌心朝上，向后向上划一圆弧，经左耳上方，手心翻斜下，掌指斜朝前，向左前方按出，掌指上翘，掌心朝前，坐腕立掌，高与鼻平；同时右手臂随身体左转下落，经胸前由左向右划一圆弧外搂，下按于右膝外侧，掌指朝前，掌心朝下（见图 45.1、45.2、45.3、45.4）。

要领：

1. 左脚外撇，身体不能后坐，以脚跟为轴，头向上虚领，以腰胯带动左脚外撇。因为我右掌正在按着对方，阻其前进，准备上

45.1

45.1（侧）

45.2

45.2(侧)

45.3

45.3(侧)

45.4

45.4(侧)

步。如果身体后坐,前按手势必随着后撤,给对方可乘之机,则失去进攻机会。

2. 右脚迈出,左手回抽前推,右手下按同时进行,动则都动,停则都停,仅是左手划圆大,要走得快些,右手下按划圆小,走得慢些,最后同时完成动作。

3. 搂膝定式时,两手臂和后蹬腿,都不能伸直僵硬,要稍有弯曲,上身中正,涵胸拔背,顶头上领,松肩沉肩坠肘。

4. 搂膝拗步定式时,胯要折叠,顶头上领,腰脊上提,这样才能沉而不死,转动轻灵。

5. 搂膝拗步定式,要做到收肛、提肛、吊裆,收臀,尾骨内收上提,目视前方,神意前领。

第四十六式　搂膝(进步)栽捶

动作一:由前式不停,右脚尖外摆,头领上身,腰胯上提,重心仍在右腿,左腿提起向正前方(西方)迈出一步,脚跟先触地,慢慢前全掌落实,重心移至左腿,左腿弓,右腿蹬成为左弓步;同时右手掌划弧绕至右腿外侧握拳,拳心朝后(东方),上提于腰胯之间(见图 46.1、46.2)。

46.1

46.1(侧)

46.2

46.2(侧)

46.3

46.3(侧)

46.4

46.4(侧)

动作二：随身体转动，左手臂内旋上提，向右经胸前划一圆弧下落，向左膝搂去，止于左膝外侧下按，掌心朝下，掌指斜朝前下；同时右拳用腰胯松沉力，由上往下在右膝前下栽，上身向前下倾斜，增大右拳下栽力量（见图 46.3、46.4）。

要领：

1. 脚尖外摆，仍与前搂膝相同，不能后坐，用实腿转动，控制对方前进。

2. 左腿提起向前方迈出，中间不能停，要脚跟先触地，慢慢全脚掌落地，这样做的目的：一是如遇对方进击，可以马上收回左腿，做到进退自如；二是左脚迈出全脚掌突然落实，易出断劲，活动不轻灵，也易被人损害。

3. 左脚迈出，右手臂下落，左手臂上提经胸前划圆圈几动要同时进行，左手臂搂膝下按，右拳向下栽捶，身体重心前移，也要同时进行。

4. 右手掌变拳用腰胯带动上提，屈肘于腰胯间，再用腰、肩、胯松沉力向右腰前方下栽，但是拳不能提得太高，太高就形成由上向下打捶，而不是栽捶，这个式子是防攻并举，如果对方来犯，我以捶击打；如果对方被我左手划转圈捋倒，我即以右拳下栽，猛击对方要害部位。

第四十七式　翻身撇身捶

动作一：由前式不停，身体起立，向右旋转，带动右脚，以脚尖为轴脚跟里扣，随旋转左脚尖也向里扣，面向北方，屈膝下蹲成马步式；同时右拳上提于胸前，拳心朝外，左手臂也同时上提，由左向右由上往下划圆弧置于胸前，落于右手臂之上，形成左上右下在胸前环抱。（见图 47.1、47.2）。

动作二：左脚以脚跟为轴，脚尖继续内扣，身体重心移于左

47.1

47.1(侧)

47.2

47.2(侧)

腿,右脚向右后方(东南方)迈出一步,先脚跟着地,右拳经胸前由下往上划弧,向右后方(东南方)用拳背撇下,拳心朝上,左拳随右转身止于右肩上面(见图 47.3、47.4)。

要领:

1. 向右后转身,右脚尖为轴,脚跟内扣;右手上提;左手臂由上往下,由左往右划弧,两臂止于胸前,几个动作同时进行,协调配合,同时完成。

2. 翻身撇身捶,右手臂由上往下撇出,击打对方,此时右腿

47.3

47.3(侧)

47.4

47.4(侧)

仍为虚步,这样发出的是整劲。

第四十八式　高探马

动作:由前式不停,左拳变掌外翻,手心朝外,手指朝右,运用腰力横斜掌向前推出,击打对方面部;同时右腿弓,左腿前蹬,成为右弓步。右拳同时收回于右腰旁,拳心朝上(见图 48.1)。

要领:

1. 右腿弓时,小腿与地不能垂直,膝盖不能向前倾斜,必须向后斜。如果向前倾斜,一是左腿蹬力不大,左脚跟容易向上漂

48.1

48.1(侧)

浮;二是容易被人牵引,造成被动。左腿蹬得不能太直,如果太直,一是容易僵劲,二是没有爆发力。

2. 左掌横斜前推时,要沉肩、坠肘、转腰、松胯。

3. 其他要领,参照三十一式。

第四十九式　上步搬拦捶

动作一: 由前式不停,重心后移,左腿变实,右腿变虚,身体左转,带动右脚尖内扣,右脚提起向右前方(东方)迈出一步,以脚尖外摆斜横脚落下,同时右拳由下往上经胸前上搬,左手臂下落右手腕之上(见图49.1、49.2、49.3)。

动作二: 重心移于右腿,左脚向正前方(东方)迈出一步,先脚跟触地,右拳旋转上翻,拳心朝上收回于右肋旁,左掌同时向左方拦出,掌指朝上,掌心朝右,身体重心前移于左腿,屈膝坐实形成左弓步,右腿蹬;同时右拳变立拳向前方推出;同时左掌抽回至胸前,护于右臂中节之左,掌心朝右。(见图49.4、49.5、49.6)。

要领:

1. 由高探马变搬拦捶,重心后移,右脚尖内扣提起向前迈出和右拳由下往上搬,左手臂下落于右手腕之上,要同时完成。

49.1

49.1(侧)

49.2

49.2(侧)

49.3

49.3(侧)

49.4

49.4(侧)

49.5

49.5(侧)

49.6

49.6(侧)

2. 重心前移右腿，左脚向前方迈出，右拳收回于胸前，左掌向左方拦，同时进行。

3. 重心前移左腿，前腿弓，后腿蹬，右拳向前方推出，左掌回收，要协调一致，同时进行，一气呵成。

4. 右搬左拦住对方来犯之手臂，以拳击打对方胸部，出拳时，臂要平行直推，不能上下斜出，如有倾斜，击力减退，易被对方化掉。

第五十式　右蹬脚

动作一：由前式不停，左脚尖外摆，身体向左旋转，两肘下垂，右拳上提向左挂，左掌握拳向右挂，两拳交叉为斜十字手，抱手胸前，拳心朝里，右拳在里，左拳在外（见图 50.1）。

动作二：重心移于左腿，身势上起带起右腿，用腰力向右前方（东南方）蹬出，高不过腹，低不过膝，脚趾向上，脚心朝前；同时两拳变掌，由胸前向左右分开，掌心朝外，掌指斜向上，右掌在前高不过头，左掌在后略高于头，眼视前方右手（见图 50.2）。

要领：

1. 左脚外摆，身体向左旋转，左右手握拳向胸前，抱成斜十

50.1

50.1（侧）

50.2

50.2(侧)

字手,要同时进行,同时完成。

2. 身势上起,右腿蹬出,两手变掌向左右分开,要同时进行,协调一致,同时完成。

3. 身势上起,左腿不能僵直,要有松沉,稍有弯曲。右腿向前蹬出也不能僵直,也要稍有弯曲。

4. 右脚蹬出,高不过腹,低不过膝。如果太高,蹬出涣散无力,身体重心不稳,容易被人制约;如过低,就失去进攻意义,因此要高低适当。

5. 两手臂分开,应稍有弯曲,肘尖下垂,两肩松沉。

第五十一式　左打虎

动作:由前式不停,右脚收回,下落于左脚内侧,先脚尖触地,全脚掌落实,重心全移右腿;左脚向西北方迈出一步,屈膝坐实;右腿蹬出成为左弓步,面向东北方,同时左手臂由左上方,经头顶面前,向右下划圆圈,再回到左上方前额握拳停止,拳心朝外;同时右手自右上向下划一半圆沉于裆前,握拳,拳心朝下拳眼朝里;眼视左拳,照顾右拳(见图 51.1、51.2、51.3、51.4、51.5)。

51.1

51.1(侧)

51.2

51.2(侧)

51.3

51.3(侧)

51.4

51.4(侧)

51.5

51.5(侧)

要领：

1. 第一步动作，右脚收回，脚尖触地，左手向左上划弧置于头顶；右手稍下落，几个动作同时进行。第二步动作，左手由左向右划圆，再回到左额上和左脚向西北迈出一步，右手落于裆前握拳，几个动作同时完成。

2. 定式时，身体不能向左旋转太过，以免造成拧裆、夹裆，应当开裆、松裆。

3. 身体不能前俯后仰，头要虚顶，尾闾中正，收腹、收臀、收肛、提肛，臂要弯曲。

4. 右腿不能蹬直，膝盖也稍有弯曲，肘要下垂，肩要松沉。

5. 不能低头、仰头，头要正直，要用眼球转动看下右拳，照顾左上拳。

第五十二式　右打虎式

动作：由前式不停，身势右转，左脚尖向里扣，重心移于左腿，右脚向右后方（西南方）迈出一小步，屈膝坐实，右腿弓，左腿蹬，成为右弓步；同时右拳由下往右上划圆弧，置于右额上方，拳

52.1

52.1（侧）

52.2

52.2（侧）

52.3

52.3(侧)

52.4

52.4(侧)

心朝外,拳眼朝下;左拳也随着身体转动,由左上向下向右,划半圆圈,沉于裆下,拳心朝下,拳眼朝里;眼视右拳,照顾左拳(见图52.1、52.2、52.3、52.4)。

要领:

1. 左脚里扣,重心左移,同时动作。

2. 右拳划圆上提,左拳弧形半圆下落,同时动作,协调一致。

3. 涵胸拔背,收腹,收臀,收肛,开裆,沉肩垂肘,与左打虎式相同。

五十三式　转身右蹬脚

动作：由前式不停，左脚尖外摆，向左转体，重心移于左脚，屈膝坐实；右脚尖向里扣，右手臂由上向下划弧，再往左上划一半圆圈，置于左胸前；同时左臂由左下往上划弧，置于左胸前；两手握拳，两臂交叉于左胸前，右拳在里，左拳在外，成斜十字手，拳心朝里；身势上起，带动右腿提起，向右前方（东南）蹬出；同时双拳变掌，掌心翻朝外，掌指斜向上，两臂向左右分开，后边左手高于头，前右手在右额前方（见图 53.1、53.2、53.3、53.4）。

53.1

53.1（侧）

53.2

53.2（侧）

53.3

53.3(侧)

53.4

53.4(侧)

要领:

1. 左脚尖外摆,向左转体,屈膝坐实,两拳由左右胸前合抱,要动作协调一致,同时完成。目的是两臂向胸前合抱,粘住对方攻我之手臂,向左转身,使彼来势落空,失去重心,被我控制。

2. 身势上起,右脚蹬出,两掌左右分开要同时进行。目的是趁对方失去中心,我用右掌击其上部,用脚蹬其中部或下部。

3. 右脚蹬出,高不过腹部,低不过膝。高过腹部,蹬出无力,重心不稳,易被对方用截劲折回,或用手上掀脚跟腿部而后仰跌出。

第五十四式　双风贯耳

动作一：由前式不停，身势稍右转，右腿收回，屈膝下落至腰间，小腿自然下垂，脚尖朝下；同时两手臂以手背朝下，落于右膝盖两旁，手心朝上（见图 54.1）。

动作二：两手臂自右膝盖两旁向左右上方划圆弧，握拳于面部前上方，高与眼平，拳眼相对，拳心斜朝外，横打对方左右前额，眼视两拳；同时右脚向右前方（东南方）迈出一步落下，屈膝坐实，成为右弓步（见图 54.2、54.3）。

54.1

54.1（侧）

54.2

54.2（侧）

54.3

54.3(侧)

要领:

1. 右腿收回,屈膝下落腰间,与两臂下落右膝盖两旁,同时动作,同时完成。目的是向左右分开对方攻来双臂,使其落空。

2. 两臂左右分开,向上划圆弧于面前上方握拳,右腿下落迈出,屈膝坐实,几个动作要连绵不断,一气呵成。目的是化开对方两臂后,趁势进攻,用两拳击打对方左右额或耳部。此式在实战时应用拳面指根部击打,威力更大。此式凶猛,容易伤人,宜慎用之。

第五十五式　披(转)身左踢脚

动作一:由前式不停,身体向右转,右脚尖外摆,重心移于右腿,涵胸坐实,两肘下垂,两手臂向外划弧旋转,划一圆圈,合抱胸前,左臂在里右臂在外,两臂交叉,为斜十字手,拳心朝里,面向正南。右腿屈膝下蹲(见图 55.1)。

动作二:身势上起,带动左脚提起,脚面上撩,脚尖前踢(正东方)。两拳变掌,由胸前向左右分开,掌心朝外,掌指斜朝上,后边右手略高于头,前边左手与前额平,两肘下垂,沉肩(见图 55.2)。

55.1

55.1(侧)

55.2

55.2(侧)

要领：

1. 身体右转，右脚尖外摆，右腿坐实，两臂合抱交叉胸前，上下动作配合协调，同时完成。目的是要粘住对方击来之手，向右旋转，使对方失去中心，来力落空。

2. 两手臂交叉胸前，左手臂在里、右手臂在外。

3. 身势上起，左脚提起前踢，两臂左右分开，动作协调一致，目的是在粘住对方之手，趁其抽回时，我猛然起身，用手臂击其上部，脚踢下部裆胯。前踢用脚尖，上踢裆用脚背上撩。此式凶狠，容易伤人，宜慎用之。

4. 身势上起，要头领，拔背，以神带领，两臂弧形分开，两肘下垂。右腿站立要稍有弯曲，往下松沉。

第五十六式　转身右蹬脚

动作一：由前式不停，提起右脚跟，以脚尖为轴，向右旋转，面向北方，左脚全掌落地，两腿落实，屈膝下蹲成为马步；同时两手翻掌，掌心斜向里，两手握拳交叉合抱于胸前，成为斜十字，右拳在外，左拳在里（见图 56.1、56.2、56.3）。

56.1

56.1（侧）

56.2

56.2（侧）

56.3

56.3(侧)

56.4

56.4(侧)

56.5

56.5(侧)

动作二：左脚尖向里扣，身势上起，带动右脚提起用腰力向右前方（东方）蹬出，脚心朝前，脚趾朝上；同时两拳变掌，由胸前向左右分开，前右手与眼平，后左手略高于头部，松肩，垂肘，眼视右手（见图 56.4、56.5）。

要领：

1. 身体向右旋转，下蹲，两手握拳交叉，同时完成。

2. 身势起，右脚蹬出，两手向左右分开，动作协调，同时完成。目的是对方来击时，我突然向右旋转，使其来击落空，趁其不备提起右脚，向其腹部或腰、胯、膝蹬去，必然击中。

3. 必须头顶虚领，涵胸拔背，收腹、收臀，立身中正，尾骨内收上提，收肛。

4. 右脚前蹬时，要用腰向外发力，以意念向外送，不能用腿力单独蹬脚。

第五十七式　落步搬拦捶

动作一：由前式不停，身势稍右转，右脚下落，向外划一圆弧，在身前右侧横落下，脚尖斜朝外，屈膝下蹲；右手握拳下落划弧，经胸前上翻，拳心朝里；同时左掌由左上向右向下划弧下落于右腕之上，随右拳上搬（见图 57.1、57.2）。

动作二：重心渐移右腿，左脚提起向左前方（东方）迈出一步，脚跟先着地，左手向左外拦出，掌心朝右，掌指斜向上；同时右拳上翻，拳心朝上向右后抽回，置于右肋旁（见图 57.3）。

动作三：身势稍向左转，身体重心前移于左腿，左腿屈膝坐实，右脚向前蹬出，成为左弓步；同时右拳内旋变成立拳，拳心朝里，向前推出（见图 57.4、57.5）。

要领：

1. 右脚下落向前迈出坐实，右手握拳下落划弧，左手下落右

57.1

57.1(侧)

57.2

57.2(侧)

57.3

57.3(侧)

57.4

57.4(侧)

57.5

57.5(侧)

腕上,随右手上搬,几个动作同时进行,协调一致,连绵不断。目的是，对方用手或拳来击时，我用右手臂或腕上搬向右侧身旋转,使对方落空。

2. 重心移于右腿,提起左腿迈出坐实,右拳推出,几个动作同时进行,不能有先后。目的是,前式上搬,使对方落空,我趁机迈出左腿坐实,右拳推出,击其胸或腹部。

3. 右拳出击时,右腿前蹬,身势向前移动,要慢慢下沉,胯、腿之间要有折叠,用腰胯之力,带动右拳推出。右拳前伸不能太过，右肘尖不能超过左膝盖。

4. 身体不能前倾，要头领拔背，立身中正；目视前方，兼顾左右手。

第五十八式　如封似闭

动作、要领：与前十六式相同（见图 58.1、58.2、58.3、58.4、58.5）。

第五十九式　十字手

动作、要领：与前十七式相同（见图 59.1、59.2、59.3、59.4、59.5）。

58.1

58.1（侧）

58.2

58.2（侧）

58.3

58.3(侧)

58.4

58.4(侧)

58.5

58.5(侧)

59.1

59.1(侧)

59.2

59.2(侧)

59.3

59.3(侧)

59.4

59.4(侧)

59.5

59.5(侧)

第六十式　豹虎归山

动作、要领:与前十八式相同(见图 60.1、60.2、60.3、60.4)。

第六十一式　斜揽雀尾

动作、要领:与前十九式相同(见图 61.1、61.2、61.3、61.4、61.5、61.6)。

第六十二式　斜单鞭掌

动作、要领:与前二十式相同(见图 62.1、62.2、62.3、62.4、62.5)。

60.1

60.1(侧)

60.2

60.2(侧)

60.3

60.3(侧)

60.4

60.4(侧)

61.1

61.1(侧)

61.2

61.2(侧)

61.3

61.3(侧)

61.4

61.4(侧)

61.5

61.5(侧)

61.6

61.6（侧）

62.1

62.1（侧）

62.2

62.2（侧）

62.3

62.3(侧)

62.4

62.4(侧)

62.5

62.5(侧)

第六十三式　右野马分鬃

动作：由前式不停，左脚尖稍向里扣，身体向左微转，重心全移左腿，右手下落经右腰胯向左划弧绕行，手掌翻朝上，置于左腹前；同时左手臂向右划弧下落，掌心朝下，置于左胸前，在右手之上，两掌心上下相对如抱物，左手指斜向右，右手指斜向左；同时右脚跟提起，用腰胯带动提起右腿，划圆弧向右侧前（西北方）迈出一步，脚跟先触地，重心渐移右脚，全脚掌落地踏实，屈膝下蹲，右腿弓，左腿向前蹬，成为右弓步；同时以腰力带动手臂向左右分开，右手臂向右前上方展开，高不过前额，掌心朝上，掌指斜向上；左手臂同时向左后方下落，置于左腿外侧，掌心、掌指斜朝下；眼神开始注意两手，随腰和右手臂转动，两手分开后，逐渐转到右前方右手臂（见图 63.1、63.2、63.3、63.4）。

要领：

1. 重心移左腿，两手臂下落合抱于左身前，右腿提起收回，要同时进行，同时完成。

2. 右腿收回不停，以弧形向右前方（西北方）迈出一步，屈膝下蹲，手臂左右分开，几个动作同时进行，同时完成，做到右拥、

63.1

63.1（侧）

63.2

63.2(侧)

63.3

63.3(侧)

63.4

63.4(侧)

左采，进击对方。

3. 右脚提起迈出，以意念提起，用腰胯力向外送出，不能单独用腿之力自动。

4. 右脚提起迈出以及收回不能停顿，更不能出现三角形，要划圆弧绕行，连绵不断。

5. 两手臂左右分开，右手臂向右上方，击打对方胸、肋和腋下时，用腰力横击或上挑，手心斜向上，用右手臂拇指根部、腕部、上臂侧面横击。如果手心朝里，用手臂外侧手面横击，则威力小，且易被对方折腕截回。

6. 右手臂向前横击时，不能耸肩，必须坠肘，沉肩。左手臂向左下方分开时，手指斜朝下，肩要松开，肘要下垂，不能上翘，要用采捋之劲，进击对方。

7. 在向对方横击时，必须用腰的旋转力和左腿蹬力，二力合一，同时进行，才是整劲。

8. 在右手臂向外发力时，上身不能挺直，更不能后仰，要稍向前倾斜，以助手臂之力；转腰、坐胯，同时要提肛、收臀、涵胸、拔背、头领，眼视右手臂出击。一气呵成，不能顾此失彼。

第六十四式　左野马分鬃

动作：由前式不停，重心前移右腿，左手臂自左经左腰胯旁，由下往右上外旋绕行，手掌心翻朝上，置于右肋前，同时右臂由右向左内旋弧形下落，掌心翻朝下，置于右胸前左掌上，左掌在下，两掌心上下相对，如抱物状。右手指斜向左，左手指斜向右。同时左脚跟先提起，用腰胯带动左腿划弧绕行，向左侧前（西南方）迈一步，脚跟先触地，重心渐移左脚，全掌落地，屈膝下蹲；右腿前蹬，成为左弓步。同时两手臂向左右分开，左手臂向左前上方展开，高不过前额，掌心朝上，掌指斜向上。右手臂同时向右后方下落，置于右腿外侧，掌心掌指斜朝下。目光开始注意两手分开，逐渐跟随腰手臂转动，最后目视左前方左手臂（见图 64.1、64.2、64.3、64.4）。

要领：

1. 重心移于右腿后，右手臂划圆弧下落，左手臂向左划圆弧上提，两手心斜相对，置于右胸前，左脚提起回收，几个动作同时完成。

2. 左脚收回不停，划圆弧向左前方迈出一步后，两手臂左右

64.1

64.1（侧）

64.2

64.2（侧）

64.3

64.3(侧)

64.4

64.4(侧)

分开,蹬右腿,左腿屈膝坐实,几个动作同时完成。

3. 每个动作都是以意念带领,以腰胯上提前送。

4. 其他要领与右野马分鬃一致,仅方向不同。

第六十五式　右野马分鬃

动作:由前式不停,身体向左微转,重心渐移左腿,身势稍含,右手臂由下经腰胯外旋划弧绕行向左,手掌心翻朝上,掌指朝前,置于左肋前;同时左手臂由左上内旋划弧向右下落,掌心朝下,置于左胸前,两掌心上下相对,如抱物状,右手指斜朝左,左手指斜朝右；同时右脚跟先提起，用腰带动提起右腿，划圆弧向右侧前（西北方）迈出一步，脚跟先触地，重心渐移右脚全掌落地，屈膝下蹲；左腿前蹬成为右弓步。同时两臂向左右分开，右手臂向右前上方展开，高不过前额，掌心朝上，掌指斜向上；左手臂同时向左后方下落，置于左腿外侧，掌心掌指斜朝下；眼神先注意两手分开，然后看右前方和右手臂（见图 65.1、65.2、65.3）。

要领：

1. 右手臂由下往左上经腰胯划弧绕行上翻，掌心朝上，置于

65.1

65.1（侧）

65.2

65.2（侧）

65.3

65.3(侧)

左肋前;左手臂由左上划弧向右下落,置于左胸前;两掌心相对,两臂同时动作,同时停止。

2. 右腿提起划圆弧迈出,中间不停。如果中间停止,容易出现断劲。

3. 手臂上提下落,腿脚提起迈出,都是以腰带动,以意运行,不能手脚自动,失去内家拳意。

4. 其他要领与以上右野马分鬃相同,仅开始变换时不一样,在要领上前边未说到的,又补充一部分。

第六十六式　左掤手上势

动作:由前式不停,身体向左转,重心移于右腿,以腰力提起左腿划半圆,向左前(西南方)迈出一步,脚跟先触地;随着身体向左转动,左脚尖外摆,重心移于左腿,慢慢落实,全脚掌着地;在提左脚向西南方迈步的同时,左手臂由左下往右上经腹前外旋划弧绕行至身前,弧形掤出,手心翻朝里,手指斜朝右上方;同时右手臂由上向下内旋落于右腿外侧,手心斜朝里,手指斜朝下;左腿弓,右腿蹬,成为左弓步,眼视前方左手臂(见图 66.1、66.2、66.3)。

66.1

66.1(侧)

66.2

66.2(侧)

66.3

66.3(侧)

要领：

1. 重心全移于右腿，左腿用腰胯提起，左手臂上提，右手臂下落，几动作同时进行，协调一致。

2. 左脚迈出，左手臂继续上提胸前，右手臂继续下落腰旁，几动作同时进行。

3. 重心全移左脚，全掌落实，左手臂掤出身前，右手臂下落右腿外侧，几动作同时进行，同时完成。这三部分动作从开始到最后定式，中间没有停顿，要连绵不断，相互配合。

4. 眼神随着手式动作变化转移，中间不能呆板成停滞，如由上式右野马分鬃变左掤手上式，开始先注意右手臂下落，渐渐转移左手臂提起，再视左手臂向胸前掤出。

5. 在眼神跟随手式动作转移时，不能低头扬头，一定要立身中立，头顶悬，头向左右转动，目视主动手。

6. 左掤手，手臂不能平掤，应手高于肩，松肩、坠肘。如果手臂是平的，就会出现耸肩、抬肘。

第六十七式　上步揽雀尾

动作：由前式不停，随着身势继续左转，左脚尖外摆，重心全

67.1

67.1（侧）

67.2

67.2(侧)

67.3

67.3(侧)

67.4

67.4(侧)

67.5

67.5(侧)

67.6

67.6(侧)

67.7

67.7(侧)

67.8

67.8（侧）

67.9

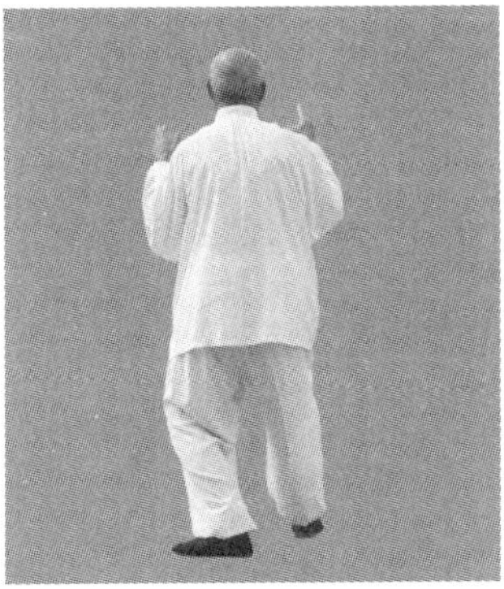
67.9（侧）

67.10

67.10（侧）

移左腿，用腰带动右腿提起，向右前方（正西方）迈出一步，同时右手臂由右下往左上提起，弧形掤于胸前，变成双掤手，手心斜朝里手指斜朝上，沉肩、坠肘，两手斜向对，合抱于胸前，手掌不能上下直立，要上缘向外斜下缘向里扣，上宽下窄，如抱物状。下接捋、挤、按，动作、要领与第四式相同（见图 67.1、67.2、67.3、67.4、67.5、67.6、67.7、67.8、67.9、67.10）。

第六十八式　单鞭掌

动作、要领：与第五式相同（见图 68.1、68.2、68.3、68.4、68.5、

68.1

68.1（侧）

68.2

68.2（侧）

68.3

68.3(侧)

68.4

68.4(侧)

68.5

68.5(侧)

68.6

68.6(侧)

68.7

68.7(侧)

68.6、68.7)。

第六十九式　右玉女穿梭

动作:由前式不停,身体向右转,左脚尖向里扣,屈膝坐实,左手臂下落外旋划弧横插于右腋下,手心朝上,手指朝右,右钩手变阳掌,同时右脚提起稍向前方迈出,脚尖外摆,脚掌斜横落地,先脚跟触地,逐步全脚掌踏实,重心全移右腿,左脚提起向右前方(西南方)迈出一步,重心渐移左腿,屈膝坐实,右腿前蹬成为左弓步,同时左手臂自右腋下贴右臂下向右上方横斜抬起;右手臂向右后下抽至左臂下，再向前（西南方）向上推出，掌心朝外（前），掌指斜朝上；左手臂在上抬同时向外翻掌，掌心斜朝外，掌指斜向右方朝上，斜横前额头顶上方（见图69.1、69.2、69.3、69.4、69.5）。

要领：

1. 向右转体，左脚尖内扣，左腿屈膝坐实；左臂下落横插右腋下，右钩手变阳掌；右脚提起迈出，脚尖外摆斜横落地，左臂下落，右脚迈出，同时动作，要协调一致。

69.1

69.1（侧）

69.2

69.2（侧）

69.3

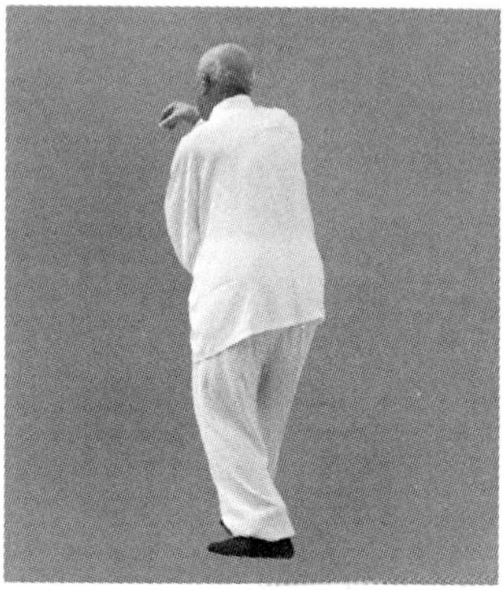
69.3(侧)

69.4

69.4(侧)

69.5

69.5(侧)

2. 重心前移右脚，左脚向西南方迈出，左手臂向上抬起，右手臂向右后下抽，几动作同时进行，动作协调，配合一致。

3. 重心前移左脚左腿弓，右腿前蹬，左手臂抬起，右手掌向前推出，几动作同时进行，做到一动全动，一停全停，不能有动有停。

4. 右手掌向前推出时，要从右脚掌发力前蹬，做到发于脚，行于腿，达于腰臂，形于掌，不能单纯用手臂之力前推。右手臂要有弯曲，不能挺直僵硬。

5. 身体不能前俯后仰，要顶头直身、松肩坠肘。

6. 这个式子在技击中作用很大，既防又攻，左右手臂下落上举，就是招架对方来手或腿脚，化其攻势，使其落空，马上反手进击，做到先防后攻，出其不意。

7. 左手臂横抬上举，右手在左臂下进击，右手掌高不过咽喉，低不过胸，否则失去进攻良机。

第七十式　左玉女穿梭

动作：由前式不停，身势向右后转动，左脚尖往里扣，屈膝下蹲，重心全移于左脚，两手臂随着向右后转体，回收下落，左手臂横压在右手臂上，置于胸前，掌心朝下，两掌指斜指向左右方，面向北方；身势继续向右后转体，重心全移左腿，右腿提起，向右后方（东南方）迈出一步，脚尖先触地，重心渐移右脚，全脚掌着地；左脚尖里扣，右脚尖外摆，面向东南方，右腿屈膝坐实，左腿前蹬，成为右弓步。同时右手臂向上抬起，向外翻掌，掌心斜朝外，掌指斜向左上方，手臂斜横前额上方；同时左手掌自右臂下，向前向上（东南方）推出，掌心斜朝外（前方），掌指斜向上（见图70.1、70.2、70.3、70.4、70.5）。

70.1

70.1（侧）

70.2

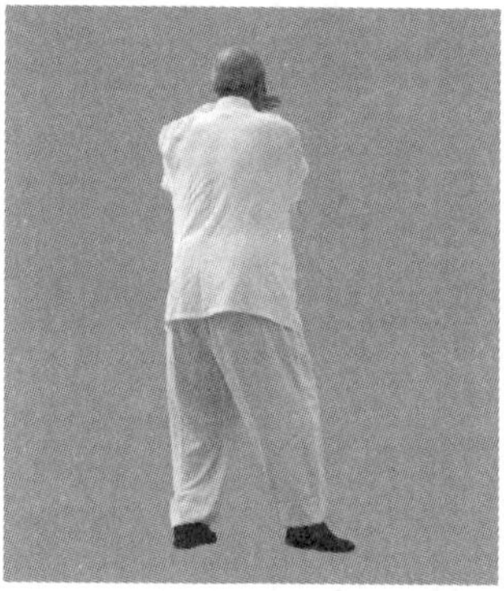
70.2（侧）

70.3

70.3（侧）

70.4

70.4(侧)

70.5

70.5(侧)

要领:

1. 由前式向右后转体,左脚尖向里扣,重心移左脚,屈膝坐实,两手臂回收下落,左手臂在上,右手臂在下,横落于胸前,几动以腰胯带动同时进行。

2. 身体继续向右后转体,右脚向右后(东南方)迈出落实,先左脚尖里扣,再右脚尖外摆,几个动作连续进行,中间不能停顿。

3. 右脚落实,弓右腿,左腿前蹬,右手臂上抬,左手臂前按,到定式都是连绵不断,几个动作速度均匀,不能有快有慢,要协调一致。

4. 右手臂上抬，左手臂前推，要手臂呈弧形，不能僵直，肩要松、肘要垂，要头领、涵胸、拔背，气沉丹田。

5. 眼神要跟随动作转移，头要跟随动作旋转，不能低头、仰头。

6. 其他要领与右玉女穿梭相同，仅方向有变化。

第七十一式　右玉女穿梭

动作：由前式不停，重心移于右腿，身体向左转动，右腿屈膝

71.1

71.1（侧）

71.2

71.2（侧）

71.3

71.3(侧)

坐实,用腰胯带动,提起左脚向左前方(东北方)迈出一步,屈膝下蹲,弓步坐实,右腿前蹬,成为左弓步;同时左手臂向上抬起,向外翻掌,掌心斜朝外,掌指斜向右上方,手臂斜横前额头上方,同时右手掌自左臂下,向前向上推出,掌心斜朝外(前方),掌指斜向上(见图 71.1、71.2、71.3)。

要领:同前右玉女穿梭,仅方向变化。

第七十二式　左玉女穿梭

动作:由前式不停,左脚尖里扣,身体向右后转动,屈膝下蹲,重心全移于左脚,两手臂随着向右后转体回收下落,左手臂横压在右手臂上,置于胸前,两掌心朝下,两掌指斜指向左右方,面向东南方。上身继续向右后转体,右脚提起,向右后方(西北方)迈出一步,脚尖先触地,上身继续向右后转,重心渐移右脚,全脚掌着地,先左脚尖里扣,再右脚尖外摆,面向西北方,右腿屈膝坐实,左腿前蹬,成为右弓步;同时右手臂向上抬起,向外翻掌,掌心斜朝外,掌指斜向右上方,右手臂斜横前额头上方,同时左手掌自右臂下向前向上推出,掌心斜朝外(前方),掌指斜向上(见图 72.1、72.2、72.3、72.4、72.5)。

72.1

72.1(侧)

72.2

72.2(侧)

72.3

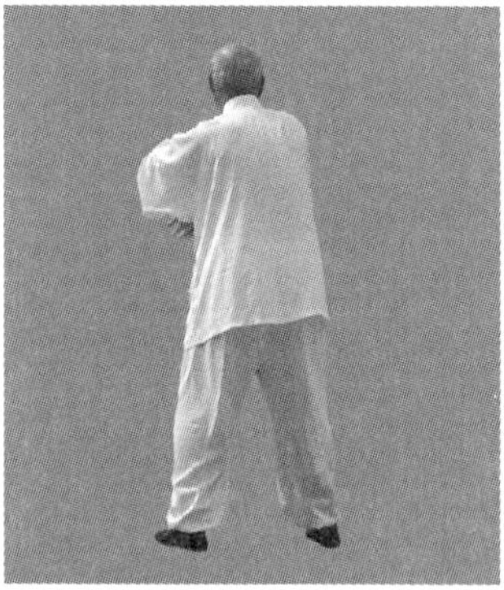

72.3(侧)

72.4

72.4(侧)

72.5

72.5(侧)

要领:同前左玉女穿梭,仅方向变化。

第七十三式　左掤手上式

动作:由前式不停,重心全移右腿,提起左腿划弧,向西南方迈出一步,脚跟先触地,随着身体向左转动,左脚尖外摆,重心移于左腿,慢慢落实,全脚掌落地。在提左脚迈步同时左手臂由上往下落,经胸前划圆弧绕行至身前,圆弧形掤出,手心翻朝里,手指斜朝右上方;同时右手臂向上往下划弧落于右腿外侧,手心斜朝里,手指斜朝下,左腿弓右腿蹬,成为左弓步,目视前方左手臂

73.1

73.1（侧）

73.2

73.2（侧）

73.3

73.3（侧）

（见图 73.1、73.2、73.3）。

要领：同前六十六式左掤手上式。

第七十四式　上步揽雀尾

动作、要领：同前六十七式揽雀尾（见图 74.1、74.2、74.3、74.4、74.5、74.6、74.7、74.8、74.9、74.10）。

第七十五式　单鞭掌

动作、要领：同前第五式（见图 75.1、75.2、75.3、75.4、75.5、75.6、75.7）。

74.1

74.1（侧）

74.2

74.2（侧）

74.3

74.3(侧)

74.4

74.4(侧)

74.5

74.5(侧)

74.6

74.6(侧)

74.7

74.7(侧)

74.8

74.8(侧)

74.9

74.9（侧）

74.10

74.10（侧）

75.1

75.1（侧）

75.2

75.2(侧)

75.3

75.3(侧)

75.4

75.4(侧)

75.5

75.5(侧)

75.6

75.6(侧)

75.7

75.7(侧)

第七十六式　右云手

动作、要领:同前三十六式(见图 76.1、76.2、76.3、76.4)。

第七十七式　左云手

动作、要领:同前三十七式(见图 77.1、77.2、77.3、77.4)。

第七十八式　右云手

动作、要领:同前三十八式(见图 78.1、78.2、78.3、78.4)。

第七十九式　单鞭掌

动作、要领:同前第五式(见图 79.1、79.2、79.3)。

76.1

76.1(侧)

76.2

76.2(侧)

76.3

76.3(侧)

76.4

76.4(侧)

77.1

77.1(侧)

77.2

77.2(侧)

77.3

77.3(侧)

77.4

77.4(侧)

78.1

78.1(侧)

78.2

78.2(侧)

78.3

78.3(侧)

78.4

78.4(侧)

79.1

79.1(侧)

79.2

79.2(侧)

79.3

79.3（侧）

第八十式　抽身下势

动作：由前式不停，勾手不变，身势后抽，左腿下落；同时右腿屈膝下蹲，左腿伸直，平地扑下。左手臂随身下落于左腿内侧与左腿平直，手心朝外（南方）手指朝东方（见图 80.1、80.2）。

要领：

1. 右腿屈膝下蹲，身体后抽下落同时进行，协调一致。因对方来势凶猛，我不便力抗，顺其来势，撤身后抽，使其来力落空。

2. 身体下蹲时，不能死死地坐于右腿，要做到起落灵活，准

80.1

80.1（侧）

80.2

80.2(侧)

备猛起,反攻进击。

3. 左手臂随着用腰带动后抽,平落于左腿内侧,要平抽平落,不能弯曲划弧。

4. 眼视左腿左手臂,身体不能向前倾斜,要顶头拔背,涵胸沉肩。

第八十一式　右金鸡独立

动作:由前式不停,右脚尖内扣,左脚尖外摆,右腿前蹬,重心移于左腿成左弓腿,身体渐渐起立,右腿提起屈膝于右腹前,脚尖朝下;同时右勾手变掌,经腰胯由下往上划圆弧,屈右肘变立掌,落于右膝盖上,右肘尖与右膝盖上下相对,掌指高不过头,掌心朝左,掌指斜朝上方。身体起立时,左手臂随重心前移,沿左腰侧向前向上提起,经左腰胯,向左划半圆,置于左腿外侧下按,掌心朝下,掌指朝左前(东方)(见图 81.1、81.2、81.3)。

要领:

1. 右腿前蹬,左腿屈膝,同时进行。

2. 身体起立,左手臂提起,右勾手变掌,经腰胯由下往上划圆弧同时进行。

81.1

81.1(侧)

81.2

81.2(侧)

81.3

81.3(侧)

3. 右腿提膝，右手臂屈肘，左手臂由左腿外侧下按，同时进行。

4. 右肘和右膝盖之间上下距离，不能紧贴，也不能距离太远，要少于一立拳，要挡住对方进击，如果距离太远，容易被对方击中我腹部。

5. 这个式子既挡对方来击，又用脚面踢打或用膝盖顶击对方裆、腹部，此式凶猛慎用。

6. 沉肩、坠肘、坐腕、立掌、肘膝相合，身体直立，气沉丹田。

第八十二式 左金鸡独立

动作：由前式不停，左腿屈膝下蹲，右脚同时下落于左脚跟内侧，脚尖先触地，慢慢全脚掌着地落实；同时两手臂下采，左手置于左脚前外侧，右手置于左脚内侧、右脚前方。右脚蹬地，身势渐起，左腿屈膝上提，置于左腹前，脚尖朝下；同时，左手臂提起，屈肘立掌落于左膝盖上方，掌指高不过头，掌心朝右，掌指斜朝上方。右手臂随着身体起立上提下按于右腿外侧，掌心朝下，掌指斜朝右前方（东方）（见图 82.1、82.2、82.3、82.4、82.5）。

要领：

1. 左腿屈膝下蹲，右腿下落，两手臂下采，同时进行。

2. 身体起立，左腿屈膝上提，左手臂立掌上提，落于左膝盖上方，同时进行。

3. 左肘和左膝盖不能紧贴，也不能距离太远，要少于一立拳，挡住对方进击，如果距离太远，容易被对方击中我腹部。

4. 这个式子攻防并用，手臂和腿挡住对方来击，脚面踢打或用膝盖顶击对方裆、腹部。当对方用头顶向我猛击，我用脚面或脚尖进击对方裆、腹部，则可破解对方进攻。此式凶猛慎用。

5. 沉肩、坠肘、坐腕、立掌、肘膝相合，身体直立，气沉丹田。

82.1

82.1(侧)

82.2

82.2(侧)

82.3

82.3(侧)

82.4

82.4(侧)

82.5

82.5(侧)

第八十三式　右倒撵猴

动作：由前式不停，身体向右转，左掌向左前方伸出，左掌内旋，掌心斜朝前，右手臂向右后抽，掌心朝上。两手臂前后拉平，掌心翻朝上，右手臂内旋划圆弧上举，掌心翻朝下，掌指斜朝前方，经右耳旁向前方推出。同时身体向左转，左脚下落向左后（西方）撤一步，脚尖先触地，重心后移，慢慢移于左腿，右脚尖向里扣，左手臂经腰间向左后抽拉，置于左胯旁，掌心朝上，掌指朝前（见图 83.1、83.2、83.3、83.4）。

83.1

83.1(侧)

83.2

83.2(侧)

83.3

83.3(侧)

83.4

83.4(侧)

要领:

1. 向右转身,右手向右后抽拉,左手臂前伸,两手臂手心翻朝上,同时进行。

2. 右手臂划圆弧上举向前推,左手臂向左后抽拉,身向左转,腰带左腿向左后撤一步,同时进行。

3. 身体慢向左后移,右脚尖向里扣,同时进行。

4. 身体向左转,左手臂后抽,右手前按,同时进行。

第八十四式　左倒撵猴

84.1

84.1(侧)

84.2

84.2(侧)

84.3

84.3(侧)

动作:由前式不停,身体继续向左转,面朝北方,右手掌继续前推,左手臂继续向左后抽拉,两手臂拉平掌心朝上,身体再向右转,左手臂划圆弧上举,掌心翻朝下,掌指斜朝前方(东方),经左耳旁向前方(东方)推出。身体继续向右转,右脚向右后西方撤一步,脚尖先触地,重心后移,慢慢移于右脚,左脚尖里扣,右手臂经腰向右后(西方)抽拉,置于右胯旁(见图 84.1、84.2、84.3)。

要领:与八十三式右倒撵猴相同,仅方向不同。

第八十五式　右倒撵猴

动作:由前式不停,身体继续向右转,面朝南方,左手掌继续前推,右手臂继续向右后抽拉,两手臂拉平,掌心朝上;身体再向左转,右手臂划圆弧上举,掌心翻朝下,掌指斜朝前方(东方),经右耳旁向前方(东方)推出;身体继续向左转,左脚向左后(西方)撤一步,脚尖先触地,重心后移,慢慢移于左脚。右脚尖里扣,左手臂经腰间,向后抽拉,置于左胯旁(见图 85.1、85.2、85.3)。

要领:与八十三式右倒撵猴相同。

85.1

85.1(侧)

85.2

85.2(侧)

85.3

85.3(侧)

第八十六式　斜飞势(带下打十字手)

动作一:下打十字手

由前式不停,身势左转,左脚尖外摆,屈膝坐实;右脚尖里扣提起,划弧向左前(北方)迈出一步,脚尖虚点地,成为右虚步。同时右手臂随身势左转由右前往左下收回,置于腹前,手臂往身前(北方)斜下伸直,掌心朝上,左手臂同时上举,由左向右划弧绕行至腹前,盖于右臂之上,手心朝下,两手心相对,左手掌置于右腕上(见图 86.1、86.2)。

86.1

86.1(侧)

86.2

86.2(侧)

86.3

86.3(侧)

要领:

1. 身体左转,左脚尖外摆,右脚尖向里扣,右手臂下落,左手臂后抽,上下动作,不能间断,要协调连续进行。

2. 右脚向前方(北方)迈出,右手臂往左下收回,置于腹前。左手臂由下往上,往右划弧,置于腹前盖于右臂之上,两手心相对,上述左右手臂动作同时进行,协调一致。

动作二:斜飞式(动作、要领同前二十五式斜飞式)

由前式不停,右脚向右后(南方)撤出一步,先拇趾触地,重心后移，慢慢全脚掌落地。同时身体向右后转，用腰带动右手臂向右后上方转动，先向里扣左脚尖，再向外摆右脚尖，右腿屈膝坐实，蹬左腿，成为右弓步，面向正南，右手臂随腰向右前方转动，向右上方伸出，掌略高于肩，手臂外旋，手心斜向左方，沉肩坠肘，同时左手臂伸直，随腰转动与左肩形成一条直线，置于左腿外侧，手心朝里，掌指斜朝下，五指分开，自然弯曲，眼神随右手臂向右转动，目视前方（南方）右手臂（见图86.3、86.4、86.5）。

86.4

86.4（侧）

86.5

86.5（侧）

要领：

1. 身脚后撤，重心后移，两手臂左右分开，右手臂随身体向右后转动，几动同时连续进行，中间不要停顿。

2. 身体向右后转动时，先向里扣左脚尖，再向外摆右脚尖，右脚外摆与身体向右后转动同时停止，面向正南。

3. 以腰带动右手臂向右后转动与左手臂向左后伸直，置于左腿外侧，同时进行，不能有先有后，唯脚随身向右转动时，先向里扣左脚尖，再向外摆右脚尖，如果两脚同移动，则身体不稳。

第八十七式　提手上势

动作、要领：与二十六式提手上势相同（见图 87.1、87.2）。

第八十八式　白鹤亮翅

动作、要领：与二十七式白鹤亮翅相同（见图 88.1、88.2、88.3、88.4）。

第八十九式　左搂膝拗步

动作、要领：与八式左搂膝拗步相同（见图 89.1、89.2、89.3、89.4、89.5）。

第九十式　海底针

87.1

87.1（侧）

87.2

87.2(侧)

88.1

88.1(侧)

88.2

88.2(侧)

88.3

88.3(侧)

88.4

88.4(侧)

89.1

89.1(侧)

89.2

89.2(侧)

89.3

89.3(侧)

89.4

89.4(侧)

89.5

89.5(侧)

90.1

90.1(侧)

90.2

90.2(侧)

90.3

90.3(侧)

动作、要领：与前二十九式海底针相同(见图 90.1、90.2、90.3)。

第九十一式　扇通臂

动作、要领：与前三十式扇通臂背相同(见图 91.1、91.2、91.3)。

第九十二式　翻身撇身掌

动作一：由前式不停，向右转身带动右脚跟里扣，随着继续右转左脚尖向里扣，面向正南，右手臂下落于胸前，手心朝下；同时，左手臂由左上往右划圆弧下落，置于右臂之上，手心朝下。两手臂左上右下置于胸前，屈膝坐实，成马步(见图 92.1、92.2)。

91.1

91.1(侧)

91.2

91.2(侧)

91.3

91.3(侧)

92.1

92.1(侧)

92.2

92.2(侧)

92.3

92.3(侧)

动作二：上式不停，左脚尖向里扣，身体重心移于左腿，右腿变虚，提右脚向右后方(西北方)迈一步，成右虚步，身体随之转向西北方，右手掌自胸前左臂内侧翻掌，掌心朝上，由下往上划圆弧向西北方用手背打去，左手掌随右转身置于右肩里上(见图92.3、92.4、92.5、92.6)。

要领：

1. 由扇通臂向右转身，面向正南，在转身同时，用腰带动右脚跟里扣，再左脚尖也向里扣，两脚均呈南北向，否则腿拧身体

92.4

92.4(侧)

92.5

92.5(侧)

92.6

92.6(侧)

不稳，气血不畅。

2. 身体右转带动右脚跟里扣，右掌下落，左掌向右划弧，同时进行。

3. 身体继续右转，面向正南，左脚尖里扣，左右手臂下落，右臂在下，左臂在上，置于胸前环抱，两掌在胸前环抱时，要掌高肘低，沉肩坠肘，如掌和肘一般高，在一条水平线，必然造成耸肩、撑肘。

4. 右转身向右后迈步时，右脚划圆弧向外迈出，先脚跟着地，慢慢全掌着地。

5. 翻身向右后撇掌，右腿应直立落实，但不能弓步，待下一式高探马推掌时，前右腿弓，后左腿蹬，成为右实腿，以助右掌前推之力，否则，如果早右腿弓，左腿蹬，在左掌前推时，只有左臂动，不是整劲，威力不大。

第九十三式　高探马

动作、要领：与前三十二式高探马相同（见图 93.1、93.2）。

第九十四式　上步搬拦捶

动作、要领：与前三十三式上步搬拦捶相同（见图 94.1、

93.1

93.1（侧）

93.2

93.2(侧)

94.1

94.1(侧)

94.2

94.2(侧)

94.3

94.3(侧)

94.4

94.4(侧)

94.2、94.3、94.4)。

第九十五式　上势揽雀尾

动作、要领:与前第四式揽雀尾相同(见图 95.1、95.2、95.3、95.4、95.5、95.6、95.7、95.8、95.9、95.10)。

第九十六式　单鞭掌

动作、要领:与前第五式单鞭相同(见图 96.1、96.2、96.3、96.4、96.5、96.6、96.7)。

95.1

95.1(侧)

95.2

95.2(侧)

95.3

95.3(侧)

95.4

95.4(侧)

95.5

95.5(侧)

95.6

95.6(侧)

95.7

95.7(侧)

95.8

95.8(侧)

95.9

95.9(侧)

95.10

95.10(侧)

96.1

96.1(侧)

96.2

96.2(侧)

96.3

96.3(侧)

96.4

96.4(侧)

96.5

96.5(侧)

96.6

96.6(侧)

96.7

96.7(侧)

第九十七　左云手

动作、要领：与前三十六式右云手相同（见图 97.1、97.2、97.3、97.4）。

第九十八式　左云手

动作、要领：与前三十七式左云手相同（见图 98.1、98.2、98.3、98.4）。

第九十九式　右云手

动作、要领：与前三十八式右云手相同（见图 99.1、99.2、

97.1

97.1(侧)

97.2

97.2(侧)

97.3

97.3(侧)

97.4

97.4(侧)

98.1

98.1(侧)

98.2

98.2(侧)

98.3

98.3(侧)

98.4

98.4(侧)

99.1

99.1(侧)

99.2

99.2（侧）

99.3

99.3（侧）

99.4

99.4（侧）

99.3、99.4)。

第一百式　单鞭掌

动作、要领:与前三十九式相同(见图 100.1、100.2、100.3)。

第一百零一式　高探马

动作、要领:与前四十式高探马相同(见图 101.1、101.2、101.3)。

第一百零二式　白蛇吐信

动作:由前式不停,右手掌由斜立掌下落于左掌下回收,右

100.1

100.1(侧)

100.2

100.2(侧)

100.3

100.3(侧)

101.1

101.1(侧)

101.2

101.2(侧)

101.3

101.3(侧)

102.1

102.1(侧)

102.2

102.2(侧)

掌心翻朝下，左脚向前（正东方）迈出一步，脚跟先着地，重心渐移左腿，屈膝坐实，右腿向前蹬出，成为左弓步，左手掌经右手背上向前（正东方）穿出，手指朝前，掌心朝上，五指并拢，稍有缝隙，不宜紧并，高与喉平，目视前方（见图 102.1、102.2）。

要领：

1. 向前方迈出左步，右掌下落回收，左手掌向前穿出，几个动作同时进行，动作协调，连绵不断，中间不能停顿。

2. 左手掌继续向前穿，右掌继续回收，左腿弓右腿蹬同时进行。

3. 左腿弓，右腿蹬，左掌向前穿出，腰向右转动，用腰力向前推动，以助左臂前穿之力。

4. 左手臂前伸，手指不能上翘，要平伸，直插对方咽喉，此式凶狠，练功时要意到，实战时慎用。

5. 右手翻掌下落，目的是压住对方进攻之手，顺势出左掌穿出反击，攻其不备。

6. 说明：此式老名叫穿掌，李雅轩老师改为白蛇吐信。

第一百零三式　翻身右蹬脚

动作：由前式不停，身体向右转带动右脚跟里扣，左手臂向上划圆弧，经面前向右下盖，置于胸前，落于右臂之上，形成左臂上右臂下叠落于胸前，两掌心朝下，同时随着身体右转，左脚尖向里扣，面向南方，两脚东西形成一条直线，两腿屈膝下蹲，形成弓马步，骑马势。左脚尖再往里扣，重心移于左腿，身势上起，左腿直立，提起右腿向前方（稍偏西北方）蹬去；蹬右脚同时，两手臂向左右两侧分开，掌心朝外，掌指斜朝上，右手掌高与额平，左手掌略高于头，眼看右手（见图 103.1、103.2、103.3、103.4、103.5）。

103.1

103.1(侧)

103.2

103.2(侧)

103.3

103.3(侧)

103.4

103.4(侧)

103.5

103.5(侧)

要领:

1. 向右转身时必须腰带动右脚跟里扣;如不扣,势必造成右腿拧,身体不适,气血不畅。

2. 腰向右转带动左手臂由左上向右划弧,转动同时左脚尖向里扣,两脚形成东西一条直线,身势较顺;否则拧腿,身体不稳,气血不畅,筋骨受损。

3. 上身向右转动,必须用腰带动扣脚和手臂划弧,配合一致,手脚不能单独行动。

4. 蹬右脚和两臂向左右两侧分开，同时进行，同时停止。

5 .蹬脚时，腿不能蹬得太直，要稍有弯曲。如果蹬直，一是僵硬，二是用时没有爆发力。

6. 分开的两手臂前低后高，右手臂伸出方向与右脚蹬出方向一致，是找平衡，身体稳固。两手臂也不宜伸直，要稍弯曲。

第一百零四式　左右搂膝指裆捶

动作：由前式不停，左腿微下沉，右脚向前方（西方）脚尖外撇斜脚落下，重心渐移右腿，右手臂由上向后搂挂，置于右腰外侧。同时左手臂内旋划圆弧下落，置于腹前，掌心朝下；左脚向左前方（正西方）迈出一步，脚跟触地，重心前移左腿，屈膝坐实，右腿前蹬，成为左弓步；同时左手臂经左膝向左膝外搂出，置于左腿外侧，掌心朝下，掌指朝前；右掌变拳经右腰外侧，向右前方，斜下推出，立拳拳面朝前，拳心朝左（见图 104.1、104.2、104.3、104.4）。

要领：

1. 右脚下落，右手搂膝，左手搂膝，几个动作同时进行，协调一致。

104.1

104.1（侧）

104.2

104.2(侧)

104.3

104.3(侧)

104.4

104.4(侧)

2. 左腿弓，右腿蹬，左手向左外搂，右拳向前推出，几个动作同时进行。

3. 右拳前推，不能平出，拳要低，斜向前方，直冲对方裆部。此式凶猛，实战慎用。

4. 右掌下落向外搂挂，左掌下落外搂下按，意在挂搂开对方进击之手，趁势还击对方裆部，攻其不备。所以，此式叫左右搂膝指裆捶。

第一百零五式　上势揽雀尾

动作一：掤式

由上式不停，左脚尖外摆，上身稍向左转，重心移于左脚；随身体向左转，右拳变掌，左臂向左前方（西南方）弧形掤出，手心斜朝左，略高于肩，同时右脚向前方（西方）迈出一步，屈膝坐实；左手臂上提，掤于胸前，手心斜朝右；两手心斜相对，右手臂高，左手臂低，形成抱物状（见图 105.1、105.2）。

要领：

1. 左脚外摆，向左转身，同时进行。

2. 右脚向前迈出，右拳变掌向前掤出，左手臂上提掤胸前，

105.1

105.1（侧）

105.2

105.2(侧)

105.3

105.3(侧)

105.4

105.4(侧)

105.5

105.5(侧)

105.6

105.6(侧)

105.7

105.7(侧)

105.8

105.8(侧)

105.9

105.9(侧)

105.10

105.10(侧)

同时进行。

动作二:揽雀尾捋、挤、按

动作、要领:与前第四式相同（见图 105.3、105.4、105.5、105.6、105.7、105.8、105.9、105.10）。

第一百零六式　单鞭掌

动作、要领:与第五式单鞭掌相同(见图 106.1、106.2、106.3、106.4、106.5、106.6、106.7)。

第一百零七式　抽身下势

106.1

106.1(侧)

106.2

106.2(侧)

106.3

106.3(侧)

106.4

106.4(侧)

106.5

106.5(侧)

106.6

106.6(侧)

106.7

106.7(侧)

107.1

107.1(侧)

107.2

107.2(侧)

动作、要领:与第八十式抽身下势式相同(见图 107.1、107.2)。

第一百零八式　上步七星

动作:由前式不停,左脚尖外摆,右脚尖里扣,腰渐左转,身体往前上起,左腿往前弓步进身,重心前移左腿,身体往前上起,带动右脚向前(东方)迈出一步,脚尖虚虚点地于左脚之前;同时右勾手变拳经右腰旁,由下往上向前推出,拳眼朝上,随身势左手向前向上挑,变拳回挂,置于右腕上,拳眼朝上,左腕上,右腕下,两拳心朝外,虎口斜朝上交叉于胸前;左腿屈膝半蹲,成为右虚步,目视交叉双拳(见图 108.1、108.2、108.3)。

要领:

1. 先摆左脚尖,再扣右脚尖,上身前起,右脚向前迈出,几动连续不断,中间不要停顿。

2. 右勾手变拳向下往上向前推出, 左手向前下方向上挑变拳回挂,置于右腕上,两拳交叉,两臂动作同时进行。

3. 由前式抽身下式趁对方收回,我迅速进身,用双臂架起来犯之手,再以拳脚进击对方。

4. 此式易犯耸肩错误,因此要求沉肩坠肘,松腰坐胯。

108.1

108.1(侧)

108.2

108.2(侧)

108.3

108.3(侧)

第一百零九式　退步跨虎

动作：由前式不停，右脚往后退一步坐实，身势稍上提，带动左脚后抽，脚跟提起，成为左虚步；同时双拳变掌向左右分开，左低右高，两掌心朝下，沉肩坠肘；目视前方，照顾左右手（见图109.1、109.2、109.3）。

要领：

1. 对方进攻，我迅速抽身退避，化解对方来力。

2. 两臂分开，要涵胸拔背，头领、沉肩坠肘，松腰胯，全身放松。

109.1

109.1（侧）

109.2

109.2（侧）

109.3

109.3(侧)

第一百一十式　转身摆莲脚

动作:由前式,两手臂稍下落,沉肩坠肘,松腰坐胯,右脚跟提起,左脚尖蹬地,向右后转身360度面朝东。左脚落于左后西北方弓出,重心移左腿。两臂由上往下,向左划圆弧,抬起右脚,置于腹前,脚心朝左。两臂由下往上,再向右划圆弧,下落于右脚上,用手掌由右往左拍击右脚面,同时,右脚向右前方扇形摆踢(见图110.1、110.2、110.3、110.4、110.5、110.6、110.7)。

110.1

110.1(侧)

110.2

110.2(侧)

110.3

110.3(侧)

110.4

110.4(侧)

110.5

110.5(侧)

110.6

110.6(侧)

110.7

110.7(侧)

要领：

1. 右后转身，要提起右脚跟，以右脚前掌为轴。

2. 右后转身，中间不能停，由面朝东再转回朝东。

3. 向右后转身时，要先松肩松腰，坐胯、屈膝，再向后转体，这样身体稳固、灵活，不出现左右摇摆。

4. 两手掌迎拍右脚面，不能向下一拍，而是由下向上，再由右向左划圆弧横击，两手向左横捌，右脚背向右横踢，使对方左右受击。

第一百一十一式　弯弓射虎

动作：由前式不停，右脚向右前方（东南方）落步，同时两手握拳收回，贴于左腹前，拳心朝里，右腿弓步，左腿蹬，成右弓步，两拳划圆弧上举至额前，两拳向左右拉开，右拳高，左拳低，右拳在右额旁，左拳朝左前方（东北方）击出。两拳心朝外，左拳虎口朝上，右拳虎口朝下，形成拉弓姿势（见图 111.1、111.2、111.3、111.4）。

要领：

1. 右脚落地和两手握拳贴于左腹前同时进行。

111.1

111.1（侧）

111.2

111.2(侧)

111.3

111.3(侧)

111.4

111.4(侧)

2. 右腿屈膝下蹲，两拳上举，左右拉开，几动作同时进行，协调一致。

3. 两拳上举时，先两手腕翘再上举，两腕上翘的目的是一个近距离击打对方腹部，再上举击打上部。两腕上翘，在练拳时不太明显，应单独练习，活动手腕，用时才有爆发力，否则无用。

4. 两拳左右拉开，要左拳低，右拳高。如果左拳高于右拳，就不是射虎，而是射雁，如果左拳太低，那虎已经跑到身边，射已晚矣，所以从形似上讲，左拳不能太高也不能太低。

第一百一十二式　进步搬拦捶

动作一：由前式不停，重心移左腿，右脚尖向里扣，用腰胯带动提起，划弧向正前迈出(东方)，右脚尖外摆斜落地，右拳由上下落于胸前，左拳下落，变掌落于右腕上，两臂上搬(见图 112.1、112.2)。

动作二：重心移于右脚，屈膝坐实，右拳上翻，经胸前往后抽，置于右腰旁，拳心朝上，同时左手掌向左外拦(开)，手指朝上，掌心朝右(见图 112.3)。

动作三：右拳由仰拳变立拳向前(东方)击出，左掌回收至右

112.1

112.1(侧)

112.2

112.2(侧)

112.3

112.3(侧)

112.4

112.4(侧)

胸前。同时,左脚向前(东方)迈出一步,弓步坐实,右腿前蹬,成为左弓步(见图 112.4)。

要领:与前第十五式搬拦捶相同。

第一百一十三式　如封似闭

动作、要领:与前第十六式相同(见图 113.1、113.2、113.3、113.4、113.5)。

第一百一十四式　十字手

动作、要领:与前第十七式相同(见图 114.1、114.2、114.3、

113.1

113.1(侧)

113.2

113.2(侧)

113.3

113.3(侧)

113.4

113.4(侧)

113.5

113.5(侧)

114.1

114.1（侧）

114.2

114.2（侧）

114.3

114.3（侧）

114.4

114.4(侧)

114.5

114.5(侧)

114.4、114.5)。

第一百一十五式　收势(合太极)

动作:由前式不停,两手臂向左右分开,两手臂内旋,手心翻朝外(南方),由肘带领两臂,慢慢下落,置于两胯外侧不停,两掌外旋,手心朝里,手指朝下,贴于两腿外侧,恢复到预备式姿势(见图 115.1、115.2、115.3、115.4)。

要领:

1. 两手臂向左右分开要与肩同宽。

2. 两手臂分开，与两手内旋，手心翻朝外（南方），要一动皆动。

3. 两手臂下落，要松肩、坠肘、松腰，膝盖要稍有弯曲，松沉，但也不能弯曲太大，弯曲太大，下盘僵硬，转动不灵。

4. 收势动作做完，不能立即走开或活动，一定原地不动，做三至五次深呼吸，采用腹式呼吸，吸气时慢慢送入丹田，呼气时腹部收缩，从口中慢慢呼出，调整一下心态，待身心平静下来，再开始活动，对身体有益。

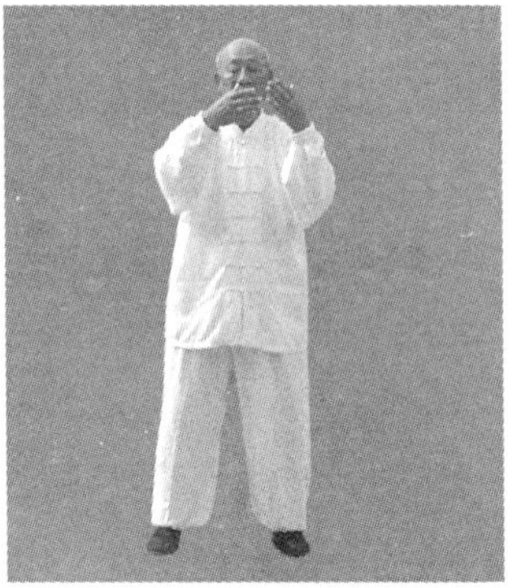
115.1

115.1（侧）

115.2

115.2（侧）

115.3

115.3(侧)

115.4

115.4(侧)

二　杨式太极器械图解

（一）杨式传统五十三式太极剑套路图解

杨式太极剑是杨家所传的短兵器械之一。通过坚持练习，既能健身，由能技击防身。杨式太极剑是以抽、带、点、刺、崩、劈、搅、撩、截、压、提、扫、抹为主要的技击动作。练习杨式太极剑的要求是：周身轻灵、动作敏捷、轻松灵活，练起来如行云流水、连绵不断，又似游龙出水，动作灵敏松柔、速度均匀，不能忽快忽慢、中间停顿，出现断劲，要一气呵成。

五十三式杨式传统太极剑动作名称

1. 三环套月
2. 大魁星
3. 燕子抄水
4. 左右拦扫
5. 小魁星
6. 燕子入巢
7. 灵猫捕鼠
8. 凤凰抬头
9. 黄蜂入洞
10. 凤凰单展翅
11. 小魁星
12. 凤凰双展翅
13. 钓鱼式
14. 龙行式
15. 怀中抱月
16. 宿鸟投林
17. 乌龙摆尾
18. 青龙出水

19. 风卷荷叶
20. 狮子摇头
21. 虎抱头
22. 野马跳涧
23. 回身勒马式
24. 进步指南针
25. 迎风掸尘
26. 顺水推舟
27. 流星赶月
28. 天马行空
29. 挑帘式
30. 左右车轮
31. 燕子衔泥
32. 大鹏展翅
33. 海底捞月
34. 怀中抱月
35. 夜叉探海
36. 犀牛望月
37. 射雁式
38. 青龙现爪
39. 凤凰双展翅
40. 左右跨栏
41. 射雁式
42. 白猿献果
43. 落花式
44. 玉女穿梭
45. 白虎撅尾
46. 虎抱头
47. 鱼跳龙门
48. 乌龙绞柱
49. 仙人指路
50. 朝天一炷香
51. 风扫梅花
52. 抱笏式
53. 收式(合太极)

三环套月 1.1

1.2

1.3

1.4

1.5

1.6

大魁星 2.1

2.2

燕子抄水 3.1

3.2

左右拦扫 4.1

4.2

4.3

小魁星 5.1

5.2

燕子入巢 6.1

灵猫捕鼠 7.1

7.2

7.3

7.4

7.5

凤凰抬头 8.1

黄蜂入洞 9.1

9.2

9.3

凤凰单展翅 10.1

小魁星 11.1

11.2

凤凰双展翅 12.1

钓鱼式 13.1

13.2

龙行式 14.1

14.2

14.3

14.4

14.5

怀中抱月 15.1

宿鸟投林 16.1

乌龙摆尾 17.1

17.2

青龙出水 18.1

18.2

18.3

18.4

风卷荷叶 19.1

19.2

狮子摇头 20.1

20.2

虎抱头 21.1

野马跳涧 22.1

22.2

22.3

22.4

回身勒马式 23.1

23.2

进步指南针 24.1

迎风掸尘 25.1

25.2

25.3

顺水推舟 26.1

26.2

26.3

26.4

流星赶月 27.1

27.2

天马行空 28.1

28.2

挑帘式 29.1

29.2

29.3

左右车轮 30.1

30.2

30.3

30.4

30.5

燕子衔泥 31.1

大鹏展翅 32.1

32.2

海底捞月 33.1

33.2

怀中抱月 34.1

夜叉探海 35.1

犀牛望月 36.1

36.2

36.3

射雁式 37.1

37.2

青龙现爪 38.1

38.2

凤凰双展翅 39.1

39.2

左右跨栏 40.1

40.2

40.3

射雁式 41.1

白猿献果 42.1

落花式 43.1

43.2

43.3

玉女穿梭 44.1

44.2

白虎撅尾 45.1

45.2

虎抱头 46.1

鱼跳龙门 47.1

47.2

47.3

47.4

47.5

47.6

乌龙绞柱 48.1

48.2

仙人指路 49.1

49.2

朝天一炷香 50.1

风扫梅花 51.1

51.2

51.3

抱笏式 52.1

52.2

收式(合太极)53.1

53.2

53.3

53.4

53.5

（二）杨式传统四十式太极刀

杨式传统太极刀是杨家所传的短兵器械之一。通过练习既能健身，又能防身。但是练习刀剑时，必须先练习太极拳，如无太极拳的基础功夫，刀剑是练不好的。因为练刀，也须要身体带动，腰胯转动灵活，眼神、手势的配合协调，还要做到轻灵、敏捷，如行云流水、连绵不断。有些基本要求，与练拳架要求相同。如气沉丹田、头部正直、虚领顶劲。练起来要雄壮、威武，跳起来落地干净利落，不能拖泥带水。中间不能停顿、间断。

杨式传统太极刀的用法，主要是以劈、刺、截、挂、挑、崩、点为技击动作，难度很大，要长期坚持练习，才能做到姿势准确、优美。

四十式杨式传统太极刀动作名称

1. 预备式
2. 上步七星
3. 退步跨虎
4. 左右格挂
5. 下勒前刺
6. 左右拦扫
7. 含转推刀
8. 左右撩刀推掌
9. 风卷荷叶
10. 宿鸟投林
11. 回身撑掌
12. 玉女穿梭
13. 含转推刀
14. 翻身藏刀
15. 玉女穿梭
16. 含转推刀
17. 翻身藏刀
18. 怀中抱月
19. 进步平刺
20. 朝天一炷香
21. 跳步勒刀
22. 跳步横刀

23. 翻身藏刀
24. 上步交刀
25. 右蹬脚
26. 左打虎式
27. 右打虎式
28. 右蹬脚
29. 双风贯耳
30. 怀中抱月
31. 进步平刺
32. 朝天一炷香
33. 跳步旋风刀
34. 回身扎刀
35. 左右分刀
36. 跳步勒刀
37. 跳步横刀
38. 翻身勒刺
39. 卞和携玉
40. 收式

预备式 1.1

上步七星 2.1

2.2

2.3

2.4

2.5

退步跨虎 3.1

3.2

左右格挂 4.1

4.2

4.3

下勒前刺 5.1

5.2

5.3

5.4

左右拦扫 6.1

6.2

6.3

6.4

6.5

含转推刀 7.1

7.2

左右撩刀推掌 8.1

8.2

8.3

8.4

8.5

8.6

8.7

风卷荷叶 9.1

9.2

9.3

9.4

宿鸟投林 10.1

10.2

回身撑掌 11.1

玉女穿梭 12.1

12.2

12.3

12.4

12.5

12.6

含转推刀 13.1

13.2

翻身藏刀 14.1

14.2

14.3

14.4

14.5

玉女穿梭 15.1

15.2

15.3

15.4

15.5

15.6

15.7

15.8

含转推刀 16.1

16.2

翻身藏刀 17.1

17.2

17.3

17.4

17.5

怀中抱月 18.1

18.2

18.3

进步平刺 19.1

19.2

朝天一炷香 20.1

20.2

跳步勒刀 21.1

21.2

21.3

21.4

21.5

21.6

跳步横刀 22.1

22.2

22.3

22.4

22.5

翻身藏刀 23.1

23.2

23.3

23.4

上步交刀 24.1

24.2

右蹬脚 25.1

25.2

25.3

左打虎式 26.1

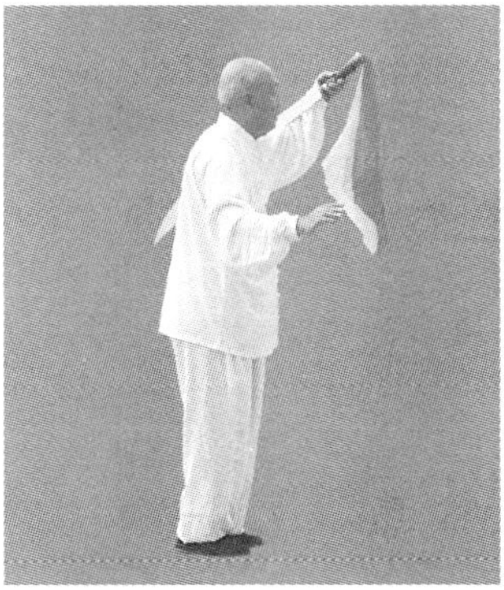

26.2

26.3

26.4

右打虎式 27.1

27.2

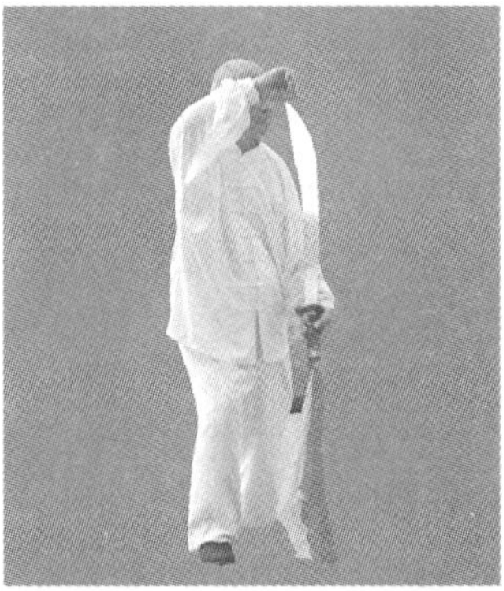

27.3

右蹬脚 28.1

28.2

28.3

28.4

28.5

28.6

双风贯耳 29.1

29.2

29.3

29.4

29.5

怀中抱月 30.1

30.2

进步平刺 31.1

31.2

朝天一炷香 32.1

32.2

跳步旋风刀 33.1

33.2

33.3

33.4

33.5

33.6

33.7

33.8

回身扎刀 34.1

34.2

34.3

34.4

左右分刀 35.1

35.2

35.3

35.4

35.5

35.6

35.7

35.8

35.9

35.10

35.11

跳步勒刀 36.1

36.2

36.3

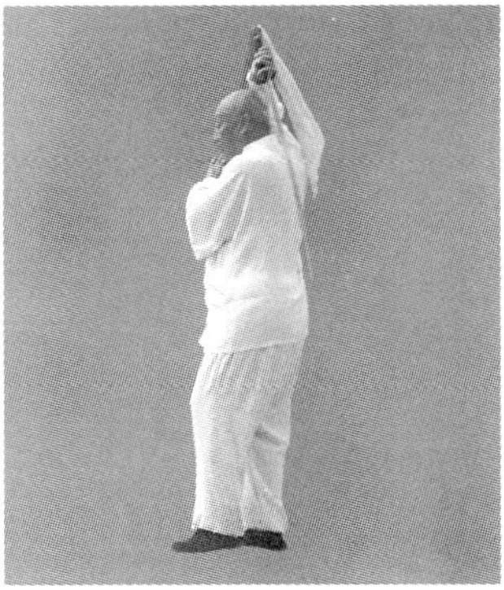

36.4

36.5

36.6

跳步横刀 37.1

37.2

37.3

37.4

37.5

翻身勒刺 38.1

38.2

38.3

38.4

卞和携玉 39.1

收式 40.1

40.2

40.3

40.4

40.5

（三）杨式传统太极大杆练法动作图解

大杆和棍、枪的区别：棍一般比较短，大多数是齐眉棍，枪必须有枪头。太极大杆是杨式太极拳创始人杨露禅所创。在练法上和棍、枪也不相同。是杨家所传的器械之一，式子不多，但是练起来难度较大，由脚发力，通过腿、腰、手臂发力于杆头，大杆长度，要求一丈零八寸（即 3.6 米），两手握杆后部，平举在腰间，杆梢平稳，不能摇晃。大杆可以单人练习，也可双人对练。单人练习是刺、化、扔、离、抖。

一、刺：用后脚掌蹬地发力，通过腿、腰、手臂之力，直刺对方各部位。刺胸、刺膝、刺肩、刺喉。

二、化：用腰力向后方斜转，坐胯，两手臂在腰转同时向后抽，化掉对方来刺之杆。

三、扔：用后脚蹬地，通过腰胯转动，两手臂托杆，向前斜上，突然发力扔杆，手握杆后，直扎对方胸、腰、肩、头各部位。

四、离：要用腰胯向后斜方转动，同时坐胯，使两臂猛向后斜方向拨离对方扔来之杆。

五、抖：用浑身之力，发至杆头，抖掉对方之来杆。

预备式

刺腰 1.1

刺腰 1.2

刺膝 2.1

刺膝 2.2

刺肩 3.1

刺肩 3.2

刺喉 4.1

刺喉 4.2

化喉 5.1

化喉 5.2

化肩 6.1

化肩 6.2

化膝 7.1

化膝 7.2

化腰 8.1

化腰 8.2

扔 9.1

扔 9.2

离抖 10.1

三　杨式太极拳推手各种练法动作图解

杨式太极拳推手练习是进入应用阶段,应在练习拳架有基础之后再练习推手，不要过早地练完拳架就马上练习推手,这样练不好推手。

太极推手是两人对练,有定步单推手;定步双推手,也叫四正推手,掤、捋、挤、按;活步双推手;行步双推手;活步大捋推手,也叫四隅推手,采、挒、肘、靠。

下面演练推手活动:

第一式,定步单推手:单推手有立圆和平圆两种。甲乙两人相对站立,相距各一步,各自向前迈出右脚一步,两脚内侧相对,同时各伸右手,以右手腕背相接掤住,甲按乙化,乙按甲化,甲向乙方胸部中心按去,乙化掉甲方来力使其落空。甲方在向前按时,后腿蹬,前腿弓,一定由后脚掌发力,通过腿到腰送到手,上下一致,是一个整劲。乙方向后引化时,要涵胸坐胯,转腰顺势引化使对方落空,做到不丢不顶。乙方向甲方胸部按去,甲方顺势引化使其落空,与上势要求一致。右手势练完,再换左手势练习,如此往复练习,这是练习推手的基础,停止时,将前脚收回,恢复原位。

第二式，定步双推手：也叫四正推手，掤、捋、挤、按。甲乙两人相对站立，相距各一步，各自向前迈出右脚一步，两脚内侧相靠，同时各伸右手，以右手腕背相接掤住，左手附贴对方右肘，如果甲方双手臂前按，乙方涵胸、坐胯、转腰，右手掤住引化，同时左手向后捋，甲方被乙方掤捋引化身斜。即抬起左手，掌心朝外，同时右掌心翻朝里，用左手掌心挤自己右手腕，两手臂掤圆，向对方挤出，随挤随分手，以左手掤接对方双手，右手附贴乙方左臂，涵胸、坐胯往后引化，使其来力落空，再双手按出，击打对方胸部。双方可以换手不换步，也可以换步不换手，来回练习。在前按时与单推手一样，前腿弓，后腿蹬，发力于脚、形于腿、主宰于腰、达于手，是一个整劲。向后引化时，也是涵胸、转腰、坐胯。如此往复练习，停止时，将前脚收回，恢复原位。

第三式，活步双推手：手的动作与定步双推手相同，也是掤、捋、按、挤。甲方按、挤，乙方掤、捋，化掉对方来力；反之，乙方按、挤，甲方掤、捋，化掉对方来力。惟有有步法前进后退活动，甲方向前按时，后脚跟随半步，停于前脚之后，虚虚点地，后退时后脚先退半步，前脚也退半步，甲方进步，乙方退步，乙方进步，甲方退步，在步法进步同时，手法做出掤、捋、按、挤动作，如此往返练习。练习前进、后退的轻灵，手法的协调配合，停止时，恢复原位。

第四式，行步双推手，也叫五行(金、木、水、火、土)推手：手的动作与定步双推手相同，也是掤、捋、按、挤，惟有步法不同，甲进三步，乙退三步，反之，乙进三步，甲退三步，惟有前进时，先进前脚，后退时先退后脚。可以左右换式练习，如此往返换步练习，练习手的粘连粘随和步法轻灵，久之练出手的听化劲敏感和抬腿迈脚非常轻灵，令人不易察觉。

第五式，活步大捋推手，也叫四隅推手。手法上与定步单推手、定步双推手、活步双推手、行步推手不同，是采、挒、肘、靠。在步法上也是进三步、退三步，但是斜进退步占四个斜角，与行步推手正进退步不同。甲乙两人相对站立，相距各一步，两人都出右手，以右手腕背相接，甲进右步，乙退右步，同时，甲进右手，乙方用右手采甲方之右手，甲方趁势斜进左步和右步，用肘击乙方胸部和用手臂靠打乙方腹部，乙顺势后退左步和右步，躲过甲方肘击臂靠，先用左手切打甲方手臂，同时抬右手挒打甲方面部，破解甲方肘靠，甲方顺势后退，乙方顺势进步，用肘击、臂靠打击甲方胸部、腹部，甲方采、乙方靠，甲方挒、乙方采，乙方肘靠，甲方变采，甲方变挒，步法随手的变化前进、后退。如此往返练习，也可左右换势练习，锻炼手势步法的灵敏、轻灵。避其来攻，顺势反击，练习思想的敏捷，采、挒、肘、靠都在变化之中，但是肘击凶狠容易伤人，在实战中少用，点到为止。停止时，双方收回脚步，恢复原位。

第六式，粘手：与上面五种推手相同点仍是手臂相接触，不同点是没有固定姿势，随机应变，接近于散手，掤、捋、按、挤、采、挒、肘、靠八法都在里面，主要练习思想敏捷，沾连粘随，随机变化，以不丢、不顶、不僵、不死。步法随手势变化，动作灵活，丢掉主观，舍己从人。在实战中有较高的技击性，坚持两人对练，既健体、强身又能防身、技击。

第七式，散手：是推手中的最高阶段。散手与粘手相似，但是手臂都不固定接触，没有固定姿势，两人分离，手脚并用，步法灵活，根据情况，进步、退步、手击、脚踢、肩靠、肘击，步法前进、后退，随机应变。平时自己应多练步法走动，前进、后退，灵活多变，到两人对练实战时，步法轻灵，脑子反应敏捷，效果更佳。

预备式

定步单推手(右)1.1

1.2

1.3

1.4

1.5

1.6

定步单推手(左)2.1

2.2

2.3

2.4

2.5

2.6

定步双推手(右)3.1

3.2

3.3

3.4

3.5

3.6

定步双推手(左)4.1

4.2

4.3

4.4

4.5

4.6

行步推手 5.1

5.2

5.3

5.4

5.5

5.6

5.7

5.8

活步大捋 6.1

6.2

6.3

6.4

6.5

6.6

6.7

6.8

6.9

6.10

6.11

6.12

6.13

6.14

6.15

6.16

6.17

6.18

6.19

6.20

6.21

6.22

黏手 7.1

7.2

7.3

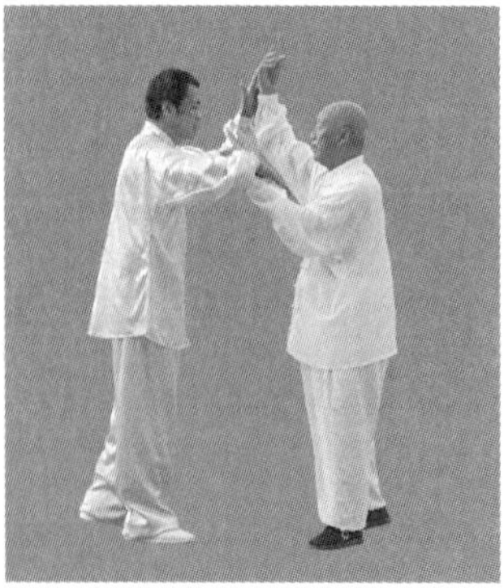
7.4

7.5

7.6

7.7

7.8

7.9

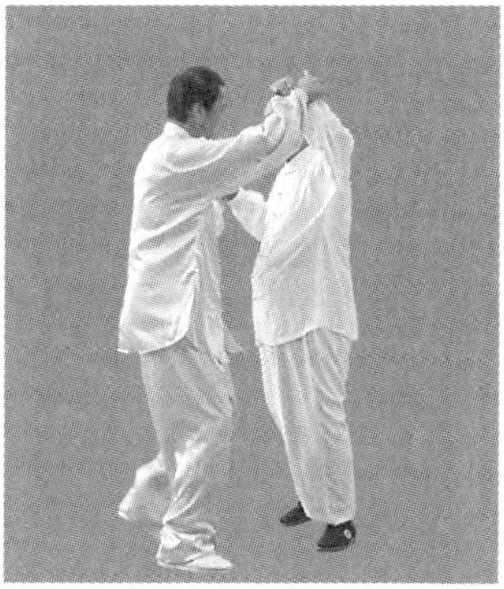
7.10

7.11

7.12

7.13

7.14

7.15

7.16

7.17

7.18

7.19

7.20

7.21

7.22

7.23

7.24

7.25

7.26

附：陈炎林《太极散手对打》

散手在太极拳中亦为重要功夫之一，能补助推手与大 攌之不足。凡在推手或大 攌时，如人手易丢，或无沾黏掤化诸劲，则散手尚焉。太极拳中之散手，完全与他派不同，其沾粘连随舍己从人，内劲化发，绵绵不断。一如推手大 攌，勿论一手或一式，均有化有发，出乎自然。全以腰腿为主，而无硬施强行等动作。学者练习推手大 攌至相当程度后，则散手之应用万不可不研究，否则如九仞之崇，所欠一篑，岂不惜哉？太极散手，分单人练习与双人练习二种。单人练习，方式甚多，或用掌，或用拳，或用腕，或用肘，或用肩，或用腰，或用胯，或用膝，或用足（共九节，节节能发人）。凡拳架中任何一势一手皆可单练，惟姿势、应用、内劲及运气等法则非由名师傅授不可。双人练习，系将全套十三势拳架中各式一一拆开，随每手用法互相联贯，合成散手对打。其间接连之处，谓天衣无缝，千变万化，奥妙无穷，诚拳中之杰作也。学者如能将其全套上下手各式熟记，并能应用，则在单人盘架子时，姿势既能准确美观，而兴趣愈觉浓厚。心身获益，恐非笔墨所能形容。至推手大 攌时，更可左右逢迎，出奇制胜，实为太极拳中之结晶，希学者切勿漠视之。

散手对打名称

上　手	下　手
(一)上步捶	(二)提手上势
(三)上步拦捶	(四)搬捶
(五)上步左靠	(六)右打虎
(七)打左肘	(八)右推
(九)左劈身捶	(十)右靠
(十一)撤步左打虎	(十二)右劈身捶
(十三)提手上势	(十四)转身按
(十五)折叠劈身捶	(十六)搬捶(开势)
(十七)横挒手	(十八)左(换步)野马分鬃
(十九)右打虎(下势)	(二十)转身撤步 攌
(二一)上步左靠	(二二)转身按
(二三)双分蹬脚(退步跨虎)	(二四)指裆捶
(二五)上步采挒	(二六)换步右穿梭
(二七)左掤右劈捶	(二八)白鹤凉翅(蹬脚)
(二九)左靠	(三十)撤步撅臂
(三一)转身按(攌势)	(三二)双风灌耳
(三三)双按	(三四)下势搬捶
(三五)单推(右臂)	(三六)右搓臂
(三七)顺势按	(三八)化打右掌
(三九)化推	(四十)化打右肘
(四一)采挒	(四二)换步撅
(四三)右打虎	(四四)转身撤步 攌
(四五)上步左靠	(四六)回挤

(四七)双分靠(换步)
(四八)转身左靠(换步)
(四九)打右肘
(五十)转身金鸡独立
(五一)退步化
(五二)蹬脚
(五三)转身上步靠
(五四)撅左臂
(五五)转身(换步)右分脚
(五六)双分右搂膝
(五七)转身(换步)左分脚
(五八)双分左搂膝
(五九)换手右靠
(六十)同右靠
(六一)上步左揽雀尾
(六二)右云手
(六三)上步右揽雀尾
(六四)左云手
(六五)右开(掤势)
(六六)侧身撇身捶
(六七)上步高探马(下蹬脚)
(六八)白鹤凉翅(下套腿上闪)
(六九)转身摆莲
(七十)左斜飞式
(七一)刁手蛇身下式
(七二)右斜飞式
(七三)左打虎
(七四)转身撇身捶
(七五)倒撵猴(一)
(七六)左闪(上步)
(七七)倒撵猴(二)
(七八)右闪
(七九)倒撵猴(三)(扑面)
(八十)上步七星
(八一)海底针
(八二)扇通背
(八三)手挥琵琶
(八四)弯弓射虎
(八五)转身单鞭
(八六)肘底捶
(八七)十字手
(八八)抱虎归山

散手对打

起势 甲乙二人对立，两足略齐（甲为上手，身著灰衣。乙为下手，身著白衣）。

（一）上步捶

甲先上左步，复上右步，右拳（虎口朝上）击乙心窝部。松腰松胯，成如弓似马步式。眼神前视（见图1）。

（二）提手上势

乙乘甲进势，先退左步，复将右足拖后半步，足尖点地，足跟提起。同时右手随腰腿旋转势，向左抄于甲右肱外部，往上提起，使甲劲落空，且可随手挒击甲臂（见图2）。

1

2

（三）上步拦捶

甲乘乙提势，先上左步，复上右步，同时左手向右抄于乙右肱内部，往上拦开。复以右拳击乙心窝部（见图3）。

（四）搬捶

乙乘甲拳将发劲时，将腰向后往左偏化。同时左手执甲右腕，右手往内下沉，变为拳，随势以腰腿劲向前还击甲心窝部。松腰松胯，成如弓似马步式（见图4）

3

4

（五）上步左靠

甲乘乙拳将发劲时，腰腿略往后化。同时右手往后抽出，右足提起，略向后落。上左步，置于乙右腿后。左手随势上托乙肘，向上往右，使乙处于背势。复蹲身以肩靠乙右腋穴（见图5）。

（六）右打虎

乙乘甲靠劲将到时，即转腰，左手执甲臂向下采沉。同时右步提起，撤至甲左腿后，以右拳击甲背部（见图6）。

5

6

（七）打左肘

甲乘乙拳将至时，即转腰，右手由下抄乙左手腕，身下蹲，成如弓似马步式。同时以左肘击乙心窝（见图7）。

（八）右推

乙乘甲肘将至时，即以右手执推甲左肘，使其成为背势（见图8）。

7

8

（九）左劈身捶

甲乘势身腰左转左拳（拳心朝上）由上往下劈击乙面部及胸部（见图9）。

（十）右靠

乙身腰向左斜偏化开甲捶，左手套出甲右手，左足随上半步右足撤至甲身后，同时右手执托甲左肘以右肩靠甲左腋部（见图10）。

9

10

（十一）撤步左打虎

甲在将被靠到时，转身以右手采执乙右肘。同时左足提起，撤至乙右腿后,以左拳击乙背部(见图 11)。

(十二)右劈身捶

乙在甲拳将到时,即向右转腰。左手由下抄执甲右手腕,右拳(拳心向上)由上往下劈击甲面部及胸部(见图 12)。

11

12

(十三)提手上势

甲乘乙来势,两手内合,左步略斜撤,右足进至乙身后。同时左手采执乙右肘,右手掌随腰腿向内上提,复往下劈击乙颈部(见图 13)。

(十四)转身按

乙在将被劈到时,即向右转身,左足略斜撤,右足向前踏正,右手按甲右肘,左手按甲右肩(见图 14)。

13

14

(十五)折叠劈身捶

甲乘乙按势,略往左化至势顺时,即向右转腰,右拳拳心翻上,左手黏于乙右臂,右拳随腰势向前劈击乙心窝(见图 15)。

(十六)搬腿(开势)

乙乘甲捶将至时, 即向左转腰化开。同时左手往下向左捌开甲右臂,遂以右拳乘身体下蹲势,前击甲心窝(见图 16)。

15

16

(十七)横挒手

甲乘乙拳将至时,即向右转腰,同时左手化开乙右拳,并拿其右手腕,右臂平横于乙胸部。随腰腿左偏势,向左往前挒之,使其后仰跌出(见图 17)。

(十八)(换步)野马分鬃

乙在被挒将背时,右手套出甲左手,以肱部掤起甲右臂撤右

17

18

步，向右转身，左足踏前一步，置于甲身后。乘势执拿其右腕，随即将左臂由甲右腋下穿出，往上向后掤去（见图 18）。

（十九）右打虎（下势）

甲在势将背时，右手以腰腿劲往后抽出乙右手，左手执拿乙左手腕。同时将右足随势提起，略向右落地，右拳随腰腿下蹲势，平击乙左腋部（见图 19）。

（二十）转身撤步攦

乙在甲拳将至时，向左转身，后退左步，左手采执甲左手腕，右肱攦甲左臂，向左攦去。既解背势，且能攦甲（见图 20）。

19

20

（二一）上步左靠

甲在被攦时，右足向前往右斜上一步，左足插入乙裆内。左手臂横于乙身前，右手附于己左肘内部，左肩靠乙心窝（见图 21）。

（二二）转身按

乙在将被靠到时，右足向内横迈半步。同时转腰，提起左足，插入甲裆内。右手按甲右腕，左手按甲右肘，双手向前按去（见图 22）。

21

22

(二三)双分蹬脚(退步跨虎)

甲在将被按倒时,略往后化,左手由下抄入乙右肱内,右手执乙左手腕,两手同时分开提起右足,随腰腿下蹲势,以足心向前蹬乙小腹部。乙同时撤左步,避甲攻势(见图23)。

(二四)指裆捶

乙在将被蹬到时,右手随腰腿后化势,套出甲左手,向后绕圈,复变拳向前往下击甲裆部(见图24)。

23

24

(二五)上步采挒

甲乘乙拳将至时,即落下右足。右手执乙右腕,随腰腿右转势,往右向后下采右足上步置于乙右足后,右手臂随腰提上,横于乙胸前,向左挒去(见图25)。

(二六)换步右穿梭

乙在将背时，右手肱随转腰势，上掤甲右手臂，右足向后撤一步，转身，左足往前踏出一步，左手肱向上架掤甲右手臂。同时右手掌按击甲右腋部（见图26）。

（二七）左掤右劈捶

甲在将被按到时，即转腰，以左手执乙左肱部，上掤。同时右拳随腰腿下蹲势，由上往下劈击乙胸部（见图27）。

（二八）白鹤凉翅（蹬脚）

乙在将被劈到时，两手即同时往外分开（右手向上，左手朝下）。随身下蹲式，以左足心向前蹬甲小腹部（见图28）。

（二九）左靠

甲在将被蹬到时，向后略化，右手往下降乙左足向右搂开。同时上左步（置于乙右腿后），左手臂横于乙身前，右手附于己左肘，以左肩靠乙心窝（见图 29）。

（三十）撤步搌臂

乙在将被靠到时，左手执甲左手腕，左足向后斜撤半步，右手肱随腰腿前俯下蹲势，搌甲左臂（见图 30）。

29

30

（三一）转身按（搌势）

甲在被搌蹲身将背时，腰腿向前略伸。左手由下向前往上翻乙左手肱部。腰腿向左往上，转为顺势。右手按乙左肩，左手按乙左肘，略往左 搌，双手同时前按（见图 31）。

（三二）双风灌耳

乙在被按将背时，略往后化右手由下抄入甲左手肱内，先往后坐腰。同时两手左右分开甲双手，随势握成拳，向前往上，以虎口击甲左右两太阳穴（见图 32）。

31

32

(三三)双按

甲在将被击到时,两手随腰后化势,向下按化。撤左步,上右步,同时两手向前按击乙胸口(见图 33)。

(三四)下势搬捶

乙在将被按击时,身略往后化。左手将甲右手向上往左掤搬,并执其肱部,右拳随身下蹲势,向前击甲心窝(见图 34)。

33

34

(三五)单推(右臂)

甲在乙拳将击到时,即向右转腰,化开乙拳。同时左手向右推乙右肘,使其成为背势(见图 35)。

(三六)右搓臂

乙乘甲推势,将右臂抄于甲右臂外部,左手腕贴于甲右腕内部,右臂随腰腿往后下蹲势,向里往下搓。同时左手腕随腰腿向外往上搓(见图 36)。

35

36

（三七）顺势按

甲在将被搓到时，腰腿向右往下略转。同时左手向右往前按乙右肩，使乙成为背势（见图 37）。

（三八）化打右掌

乙在将被按到时，右肩随腰腿向左往后略化。同时右手掌提上，随腰腿向前闪击甲左脸部，左手执甲右肘部，防其生变（见图 38）。

37

38

（三九）化推

甲在将被闪到时，撤右步，松腿松腰，往后化开。同时左手下沉乙右手，至胸前时，向前按推乙臂部（见图 39）。

（四十）化打右肘

乙在将被推到时，右臂随松腿松腰势，往后化开。至胸前，屈

39

40

手臂，以肘向前往下击甲心窝（见图 40）。

（四一）采挒

甲在将被击到时，撤左步，右手握乙右手腕，往右向下采沉。俟乙前俯时，右足提起，置于乙右足后。左手推乙右臂，右手随腰腿左转势，横挒乙颈部（见图 41）。

（四二）换步撅

乙被挒至将背时，右手随腰腿略化势，向上掤起甲右臂。同时撤右步，上左步（置甲右腿后），右手执甲右腕，左肱置于甲右臂上（肘部肩）随腰腿下蹲势，往下撅之（见图 42）。

41

42

（四三）右打虎

甲被撅至将背时，左手随腰腿右转势，由右臂下抄乙左肘部。同时右足随腰提起，右手向后抽，右足置于乙身后，右手握拳，随腰腿下击乙背部（见图 43）。

（四四）转身撤步 攌

乙在将被击到时，左臂随腰腿往后略化，左手执甲左手腕。同时退右步，转身横迈左步，右肱（近腕部）沾住甲左臂，两手随腰腿向左 攌甲左臂（见图 44）。

（四五）上步左靠

甲乘势左步插入乙裆内，左臂横于乙身前。右手放于已左臂内部，以左肩随腰腿下蹲势，靠击乙心窝（见图45）。

（四六）回挤

乙在将被靠到时，腰腿向左往后略化，右肱横于甲左臂，右手放于已右肱内部。同时右足上前一步，以右肱挤甲左臂（见图46）。

（四七）双分靠（换步）

甲被挤至将背时，右手随腰腿左转势，由下往上抄执乙左手腕。左手随两手分开势，执乙右肘内部，同时撤左步，上右步（右足插入乙裆内）身下蹲，以右肩靠击乙心窝（见图47）。

（四八）转身左靠（换步）

乙在将被靠到时，略往后化，撤右步，抽出右手，上左步，左臂横黏甲右臂，右手臂分开，以左肩靠甲右腋部(见图48)。

47

48

(四九)打右肘

甲在将被靠到时，略往后化，乘势左手执乙左手腕，右臂随腰腿后化势下沉，屈臂，以肘向前击乙左腋部(见图49)。

(五十)转身金鸡独立

乙在甲肘将到时，即向左转身，右足踏前半步，坐实。右手执甲左肘内部，左手执甲右肘内部，两手左右分开同时身向上升，以左膝盖攻甲裆部(见图50)。

49

50

(五一)退步化

甲在乙膝盖将攻到时，两手同时往内翻下。执乙两手腕，随右足后退势往后向下采化(见图51)。

(五二)蹬脚

乙在被化而未被采到时,随即将两手左右分开甲之双手,同时以左足心蹬甲腹部(见图 52)。

51

52

(五三)转身上步靠

甲在将被蹬到时,右手向左拨开乙左手,往下抄拿乙左足。同时上右步,该时乙足必下落,乘势复上左步(插入乙裆内),左臂横于乙左胁部,右手提执乙左手,以左肩随腰腿下蹲势,靠击乙心窝(见图 53)。

(五四)撅左臂

乙在将被靠到时, 腰腿向左往后略化。同时左手执甲左手腕,右肱随腰腿左转势,向下撅甲左臂肘处(见图 54)。

53

54

（五五）转身（换步）右分脚

甲在将被撅到时，腰腿往左后化，右手乘势由左臂下，往左抄执乙右肘。同时身向上升，以右足尖踢乙右腋部（见图 55）。

（五六）双分右搂膝

乙在将被踢到时，左手随腰腿右转势，由右臂下往右抄执甲右手腕，同时右手向右下搂（带抄）甲右足（见图 56）。

55

56

（五七）转身（换步）左分脚

甲在被搂至将背时，落下右足，左手随腰腿右转势，向右由乙左臂下，抄执乙左肘，乘势以左足尖踢乙左腋部（见图 57）。

（五八）双分左搂膝

乙在将被踢到时，右手随腰腿左转势，由左臂下，往左抄执甲左手腕，同时左手向左下搂（带抄）甲左足（见图 58）。

57

58

(五九)换手右靠

甲在被搂至将背时,落下左足,并往后撤退半步。同时右手随腰腿左转势,向上抄执乙右手腕,往右向后下采。右足随势向前踏出一步,以右肩靠乙右腋部(见图 59)。

(六十)回右靠

乙在将被靠到时,右足略提起,右手随腰腿左转势,向左往后绕圈化开甲攻势。同时翻执甲右手腕,往右向后下采,右足随势前进半步,以右肩回靠甲右腋部(见图 60)。

59

60

(六一)上步左揽雀尾

甲在被采将靠到时,右手随腰腿左转势,向左往后绕圈化开乙攻势,并采执乙右手腕。同时撤右步,复上左步(置于乙右腿后),左臂由乙右腋下至乙胸前随势向左往前掤去(见图 61)。

(六二)右云手

乙被掤乘势含胸拔背,向右转腰坐腿,右手刁住甲右腕,向右往后勾提,至甲势已背时,右手按甲右腕,同时左手按击甲右肩(见图 62)。

61

62

（六三）上步右揽雀尾

甲被按，乘势转腰腿向后圆化，同时左手由右手臂下，抄执乙左手腕，撤左步，复上右步，右臂由乙左腋下，伸至乙胸前，随势向右往前掤去（见图63）。

（六四）左云手

乙被掤，乘势含胸拔背，向左转腰坐腿，左手刁住甲左腕，向左往后勾提，至甲势已背时，左手按甲左腕，同时右手按击甲左肩（见图64）。

63

64

（六五）右开（掤势）

甲被按，乘势转腰腿，向后圆化，同时左右分开，左手执拿乙右腕，右臂弯为圆形，随开（掤势）随向前合，击乙心窝部（见图65）。

（六六）侧身撇身捶

乙在将被击到时，左足略往后移，右手随腰腿向左侧化转势，往下化开甲左手，复随势翻上，搁于甲肱部。右足同时随身法左转势，落置于甲右侧，左手按甲肘部，右拳向前往下撇扎甲胸部（见图66）。

65

66

（六七）上步高探马（下蹬脚）

甲在将被撇到时，即稍撤右步，向右转身，含胸拔背，右手采执乙右手腕，左掌前扑乙面部，同时左足向前直蹬乙右膝部（见图67）。

（六八）白鹤凉翅（下套腿上闪）

乙在上下将被击到时，左手即由下往内抄执甲右手腕。右手同时向外往后分化甲右掌，乘势向前闪击甲面部，右腿同时

67

68

向左往后套化甲左足，并还蹬之(见图 68)。

(六九)转身摆莲

甲避乙上下猛烈攻势，遂丢开乙手，即向右转身，圆转至原有方向时，复以右手采执乙右手腕。同时提起右足，用足尖向上斜踢乙右腋部(见图 69)。

(七十)左斜飞式

乙在将被踢到时，即向右转身，上左步，右手采执甲右手腕，左臂抄入甲右腋下，横伸于甲胸前，向左往上掤去(见图 70)。

(七一)刁手蛇身下势

甲在被掤至势将背时，即转腰腿，往后略松化，右手刁执乙右手腕，往上向后提拿。同时撤右步，复上左步，坐腿蹲身，左手掌指向前攻乙裆部(见图 71)。

(七二)右斜飞式

乙在将被攻到时，即撤左步，左手由下抄执甲左手腕，上右步。右臂抄入甲左腋下，横伸于甲胸前，向右往上掤去（见图 72)。

71

72

(七三)左打虎

甲在被掤至势将背时,即转腰腿,往后略化,左手乘势随腰腿向后往上套出乙左手,提起左足,移置于乙身后。右手执乙右手腕,往右向下采沉,同时左拳击乙背部(见图73)。

(七四)转身撇身捶

乙在甲拳将到时，即向右转腰坐腿，左手由下抄执甲右手腕,右拳(拳心朝上)由上往下劈击甲面部及胸部(见图74)。

73

74

(七五)倒撵猴(一)

甲在将被撇到时,即含胸拔背,坐右腿,身往后略化,左手向右往下沉化乙右拳。右手随腰腿圆转势,化开乙左手(见图75)。

(七六)左闪(上步)

乙被化,随即上左步,右手随腰腿圆转势,化开甲左手,左手掌向右横击甲右面部(见图 76)。

75

76

(七七)倒撵猴(二)

甲在乙左掌将闪到势,即退左步,含胸拔背,坐左腿,身往后略化。右手向左往下沉化乙左掌,左手随腰腿圆转势,化开乙右手(见图 77)。

(七八)右闪

乙右手随甲左手化开势,向左往后收绕,复变为掌,向左横击甲左面部。同时左手随腰腿圆转势,化开甲右手(见图 78)。

77

78

(七九)倒撵猴(三)(扑面)

甲在将被闪到时,即退右步,含胸拔背,左手随腰腿后化转圈势,向右沉化乙右掌。同时右手随势化开乙左手,向前回扑乙面部(见图79)。

(八十)上步七星

乙在将被扑到时,右手即上提,横格于甲右肱下己左腕上,左右两手成为斜十字式,架住甲右掌。同时身向前上升,提起右腿,以足尖踢甲下部(见图80)。

79

80

(八一)海底针

甲在将被踢到时,即含胸拔背,坐腰腿,身下蹲,略往后化。右手执乙右手腕,左手置于己右腕背上,两手同时随腰腿往下采沉(见图81)。

(八二)扇通背

乙被采至势将背时,右手略往后向下缓甲采势,复向上挪起甲右手,同时上左步,以左掌前击甲胸部(见图82)。

81

82

(八三)手挥琵琶

甲在乙掌将击到时,上身随腰腿即向右偏化去乙掌,右手刁拿乙右手腕,向下往后旋采,左手肱部搬乙右肘,身略往后坐,含胸拔背,两手含有同时相合之意(见图 83)。

(八四)弯弓射虎

乙在将被搬合时,右臂即随腰腿向后往下沉化,右足横上一步,右手勾住甲右手腕,向右往上提起,右手按甲左臂部,两手同时向前击出(见图 84)。

83

84

(八五)转身单鞭

甲在将被击到时,身往后略化,左手往下,勾化乙右手,撤左步,上右步,右手五指下垂,以腕背向前直击乙心窝(见图 85)。

(八六)肘底捶

85

86

乙在将被击到时，身随腰腿往后向右略偏，左手托起甲左臂，上左步，以右拳向前击甲右腋部(见图 86)。

(八七)十字手

甲在将被击到时，身随腰腿往后向右转化。同时右臂下沉乙右拳，上左步，以左手五指叉乙喉部(见图 87)。

(八八)抱虎归山

乙在将被叉到时，略往后化，右手随势向上往右分开甲左手，两手同时由上往下，由外向内抱合甲左右二臂，至甲势背时，两手即同时以掌心发出(见图 88)。

87

88

下篇

杨式太极拳拳论

一　太极拳老谱

（一）太极拳论

一举动，周身俱要轻灵，尤须贯串。气宜鼓荡，神宜内敛。无使有缺陷处，无使有凸凹处，无使有断续处。其根在脚，发于腿，主宰于腰，形于手指。由脚而腿而腰，总须完整一气。向前退后，乃能得机得势。有不得机得势处，身便散敌，其病必于腰腿求之，上、下、前、后、左、右皆然。凡此皆是意，不在外面。有上即有下，有前则有后，有左则有右。如意要向上，即寓下意；若将物掀起而加以挫之之意，斯其根其断，乃坏之速而无疑。虚实宜分清楚，一处有一处虚实。处处总此一虚实。周身节节贯串，无令丝毫间断耳。

长拳者，如长江大海滔滔不绝也。掤、捋、挤、按、采、挒、肘、靠，此八卦也。进步、退步、左顾、右盼、中定，此五行也。掤、捋、挤、按，即乾、坤、坎、离，四正方也。采、挒、肘、靠，即巽、震、兑、艮，四斜角也。进、退、顾、盼、定，即金、木、水、火、土也。合之则为十三势也。

原注云，此系武当山张三丰祖师遗论，欲天下豪杰延年益寿，不徒作技艺之末也。

（二）太极拳经

（明）山右王宗岳

太极者，无极而生，阴阳之母也。动之则分，静之则合。无过不及，随曲就伸。人刚我柔谓之走；我顺人背谓之粘。动急则急应，动缓则缓随，虽变化万端，而理为一贯。由着熟而渐悟懂劲，由懂劲而阶及神明，然非功力之久，不能豁然贯通焉。虚领顶劲，气沉丹田，不偏不倚，忽隐忽现。左重则左虚，右重则右杳。仰之则弥高，俯之则弥深。进之则愈长，退之则愈促。一羽不能加，蝇虫不能落。人不知我，我独知人。英雄所向无敌，盖皆由此而及也。斯技旁门甚多，虽势有区别，概不外乎壮欺弱，慢让快耳。有力打无力，手慢让手快，是皆先天自然之能，非关学力而有为也。察四两拨千斤之句，显非力胜，观耄耋能御众之形，快何能为。立如平准，活似车轮，偏沉则随，双重则滞。每见数年纯功，不能运化者，率自为人制，双重之病未悟耳。欲避此病，须知阴阳，粘即是走，走即是粘；阴不离阳，阳不离阴，阴阳相济，方为懂劲。懂劲后，愈练愈精，默识揣摩，渐至从心所欲。本是舍己从人，多误舍近求远。所谓差之毫厘，谬以千里。学者不可不详辨焉。

（三）十三势行功心解

以心行气，务令沉着，乃能收敛入骨。以气运身，务令顺遂，乃能便利从心。精神能提得起，则无迟重之虞。所谓顶头悬也，意气须换得灵，乃有圆活之趣；所谓变转虚实也，发劲须沉着松净，专主一方。立身须中正安舒，支撑八面。行气如九曲珠，无微不到(气遍身躯之谓)。运劲如百炼钢,何坚不摧。形如搏兔之鹄,神如捕鼠之猫。静如山岳,动如江河。蓄劲如开弓,发劲如放箭。曲中求直,蓄而后发。力由脊发,步随身换。收即是放,断而复连。往复须有折叠,进退须有转换。极柔软,然后极坚刚。能呼吸,然后能灵活。气以直养而无害,劲以曲蓄而有余。心为令,气为旗,腰为纛。先求开展,后求紧凑,乃可臻于缜密矣。

又曰,彼不动,己不动;彼微动,己先动。似松非松,将展未展,劲断意不断。

又曰,先在心,后在身,腹松气沉入骨;神舒体静,刻刻在心。切记一动无有不动,一静无有不静,牵动往来气贴背,而敛入脊骨。内固精神,外示安逸,迈步如猫行,运劲如抽丝,全身意在精神,不在气,在气则滞。有气者无力,无气者纯刚。气若车轮,腰如车轴。

(四)打手歌

掤捋挤按须认真,
上下相随人难进。
任他巨力来打吾,
牵动四两拨千斤。
引进落空合即出,
沾连粘随不丢顶。
轻则灵,
灵则动,
动则变,
变则化。

又歌：

彼不动，
己不动，
彼微动，
己先动。
似松非松，
将展未展，
劲断意不断。

（五）乾隆旧抄本太极拳经歌诀七首

歌诀【一】

顺项贯顶两膀松，
束烈下气把裆撑。
胃音开劲两捶争，
五指抓地上弯弓。

歌诀【二】

举动轻灵神内敛，
莫教断续一气研。
左右宜有虚实处，
意上寓下后天还。

歌诀【三】

拿住丹田练内功，
哼哈二气妙无穷。

动分静合屈伸就，
缓应急随理贯通。

歌诀【四】

忽隐忽现进则长，
一羽不加至道藏。
手慢手快皆非似，
四两拨千运化良。

歌诀【五】

掤捋挤按四方正，
采挒肘靠斜角成。
乾坤震兑乃八卦，
进退顾盼定五行。

歌诀【六】

十三势歌诀

十三总势莫轻视，
命意源头在腰隙。
变转虚实须留意，
气遍身躯不少滞。
静中触动动犹静，
因敌变化示神奇。
势势揆心须用意，
得来不觉费工夫。
刻刻留心在腰间，

腹内松净气腾然。
尾闾中正神贯顶，
满身轻利顶头悬。
仔细留心向推求，
屈伸开合听自由。
入门引路须口授，
工夫无息法自修。
若言体用何为准，
意气君来骨肉臣。
想推用意终何在，
益寿延年不老春。
歌兮歌兮百卌字，
字字真切义无遗。
若不向此推求去，
枉费工夫贻叹息。

歌诀【七】

极柔即刚极虚灵，
运若抽丝处处明。
开展紧凑乃缜密，
待机而动如猫行。

太极拳真义

无形无象（忘其有己），
全身透空（内外为一）。
忘物自然（随心所欲），

西山悬磬(海阔天空)。
虎吼猿鸣(炼锻阴精),
泉清水静(心死神活)。
翻江闹海(元气流动),
尽性立命(神定气足)。

(六)八字歌

掤捋挤按世间稀,
十个艺人十不知。
若能轻灵并坚硬,
粘随沾连俱无疑。
采挒肘靠更出奇,
行之不用费心思。
果得沾连粘随字
(果能轻灵并坚硬),
得其环中不支离。

(七)心会论

腰脊为第一之主宰。
喉头为第二之主宰。
心地为第三之主宰。
丹田为第一之宾辅。
指掌为第二之宾辅。
足掌为第三之宾辅。

（八）周身大用论

一要心性与意静，
自然无处不轻灵。
二要遍体气流行，
一定继续不能停。
三要喉头永不抛，
问尽天下众英豪。
如询大功因何得，
表里精粗无不到。

（九）十六关要论

蹍之于足，
行之于腿，
蹤之于膝，
活泼于腰，
灵通于背，
神贯于顶，
流行于气。
运之于掌。
通之于指，
敛之于髓，
达之于神，
凝之于耳，

息之于鼻，
吸呼，
往来于口，
浑噩于身，
全体发之于毛。

（十）功用歌

轻灵活泼求懂劲，
阴阳相济无滞病。
若得四两拨千斤，
开合鼓荡主宰定。

（十一）用功五志

博学（是多功夫）。审问（非口问是听劲）。慎思（时时想念）。明辨（生生不已）。笃行（如天行健）。

（十二）五字诀

一曰心静。心不静，则不专一。一举手，前后左右全无定向，故要心静。起初举动未能由己，要悉心体认，随人所动，随屈就伸，不丢不顶，勿自伸缩。彼有力，我亦有力，我力在先；彼无力，我亦无力，我意仍在先，要刻刻留心，挨何处，心要用在何处，须向不丢不顶中讨消息。从此做法，一年半载便能施于身。此全是用意，不是用劲，久之则人为我制，我不为人制矣。

二曰身灵。身滞则进退不能自如，故要身灵。举手不可有呆像。彼之力方碍我皮毛，我之意已入彼骨里。两手支撑，一气贯穿，左重则左虚，而右已去；右重则右虚，而左已去。气如车轮，周身俱要相随，有不相随处，身便散乱，便不得力，其病于腰腿求之。先，以心使身，从人不从己，后，身能从心，由己仍从人。由己则滞，从人则活。能从人，手上便有分寸，秤彼劲之大小，分厘不错。权彼来之长短，毫发无差。前进后退，处处恰合。工弥久而技弥精。

三曰气敛。气势散漫，便无含蓄，身易散乱。务使气敛入骨，呼吸通灵，周身罔间。吸为合、为蓄，呼为开、为发，盖吸则自然提得起，亦拿得人起；呼则自然沉得下，亦放得人出。此是以意运气，非以力运气也。

四曰劲整。一身之劲，练成一家。分清虚实。发劲要有根源，劲起于脚跟，主于腰间，形于手指，发于脊背，又要提起全副精神。于彼劲将出未发之际，我劲已接入彼劲，恰好不后不先。如皮燃火，如泉涌出，前进后退，无丝毫散乱。曲中求直，蓄而后发，方能随手奏效。此谓借力打人，四两拨千斤也。

五曰神聚。上四者俱备，总归神聚。神聚则一气鼓铸，练气归神，气势腾挪，精神贯注。开合有致，虚实清楚。左虚则右实；右虚则左实。虚非全然无力，气势要有腾挪；实非全然占煞，精神要贵贯注。力从人借，气由脊发。胡能气由脊发？气向下沉，由两肩收入脊骨，注于腰间；此气之由上而下也，谓之合。出腰形于脊骨，布于两膊，施于手指；此气之由下而上也，谓之开。合便是收，开便是放。能懂得开合，便知阴阳。到此地位，工用一日，技精一日，渐至从心所欲，罔不如意矣。

（十三）撒方秘诀

一曰擎，擎开彼身借彼力。

二曰引，引到身前劲始蓄。

三曰松，松开我劲勿使屈。

四曰放，放时腰脚认端的。

（十四）太极拳基本要点

【一】虚领顶劲。

【二】眼神注视。

【三】含胸拔背。

【四】沉肩垂肘。

【五】坐腕伸指。

【六】身体中正。

【七】尾闾收住。

【八】松腰松胯。

【九】膝部如松非松。

【十】足掌贴地。

【十一】分清虚实。

【十二】上下相随，周身一致（一动无有不动，一静无有不静）。

【十三】内外相合，呼吸自然（当呼者呼，当吸者吸）。

【十四】用意不用力。

【十五】气遍周身，分行上下（贴于脊背，沉于丹田）。

【十六】意气相连。

【十七】式式势顺，不拗不背，周身舒适。

【十八】式式均匀（不快不慢）。绵绵不断（外式如此，意与内劲亦然）。

【十九】姿势无过或不及，当求其中正。

【二十】用法含而不露。

【二十一】动中求静（心静，无思无虑），静中求动（内气运用）。

【二十二】轻则灵，灵则动，动则变。

二　杨澄甫论太极拳两则

（一）太极拳之练习谈

杨澄甫口述

张鸿逵笔录

中国之拳术，虽派别繁多，要知皆寓有哲理之技术。历来古人穷毕生之精力，而不能尽其玄妙者，在在皆是。学者若费一日之功力，即得有一日之成效，日积月累，水到渠成。

太极拳，乃柔中寓刚、绵里藏针之艺术，于技术上、生理上、力学上，有相当之哲理存焉。故研究此道者，须经过一定之程序与相当之时日，虽然良师之指导、好友之切磋，固不可少，而最紧要者，是在逐日自身之锻炼。否则谈论终日，思慕经年，一朝交手，空洞无物，依然是门外汉者，未有逐日功夫。古人所谓，终思无益，不如学也。若能晨昏无间，寒暑不易，一经动念，即举摹练，无论老幼男女，及其成功则一也。

近来研究太极拳者，由北而南，同志日增，不禁为武术前途喜。然同志中，专心苦练，诚心向学，将来不可限量者，固不乏人，但普通不免入于两途，一则天才既具，年力又强，举一反三，颖悟出群，惜乎稍有小成，便是满足，遽尔中辍，未能大受；其次急求速效，忽略而成，未经一载，拳、剑、刀、枪皆已学全，虽能依样葫芦，而实际未行此中三昧，一经考究其方向动作，上下内外，皆未合度，如欲改正，则式式皆须修改，且朝经改正，而夕已忘却。故常闻人曰："习拳容易改拳难。"此语之来，皆由速成而致此。如此辈者，以误传误，必致自误误人，最为技术前途忧者也。

太极拳开始，先练拳架。所谓拳架者，即照拳谱上各式名称，一式一式由师指教，学者悉心静气，默记揣摹，而照行之，谓之练架子。此时学者应注意内外上下：属于内者，即所谓用意不用力，下则气沉丹田，上则虚灵顶劲；属于外者，周身轻灵，节节贯串，由脚而腿而腰，沉肩曲肘等是也。初学之时，先此数句，朝夕揣摹，而体会之，一式一手，总须仔细推求，举动练习，务求正确。习练既纯，再求二式，于是逐渐而至于习完，如是则毋事改正，日久亦不致更变要领也。

习练运行时，周身骨节，均须松开自然。其一，口腹不可闭气；其二，四肢腰腿，不可起强劲。此二句，学内家拳者，类能道之，但一举动，一转身，或踢腿摆腰，其气喘矣，其身摇矣，其病皆由闭气与起强劲也。

一、摹练时头部不可偏侧与俯仰，所谓要"顶头悬"，若有物顶于头上之意，切忌硬直，所谓悬字意义也。目光虽然向前平视，有时当随身法而转移，其视线虽属空虚，亦为变化中一紧要之动作，而补身法手法之不足也。其口似开非开，似闭非闭，口呼鼻吸，任其自然。如舌下生津，当随时咽入，勿吐弃之。

二、身躯宜中正而不倚，脊梁与尾闾，宜垂直而不偏；但遇开合变化时，有含胸拔背、沉肩转腰之活动，初学时节须注意，否则日久难改，必流于板滞，功夫虽深，难以得益致用矣。

三、两臂骨节均须松开，肩应下垂，肘应下曲，掌宜微伸，手尖微曲，以意运臂，以气贯指，日积月累，内劲通灵，其玄妙自生矣。

四、两腿宜分虚实，起落犹似猫行。体重移于左者，则左实，而右脚谓之虚；移于右者，则右实，而左脚谓之虚。所谓虚者，非空，其势仍未断，而留有伸缩变化之余意存焉。所谓实者，确实而已，非用劲过分，用力过猛之谓。故腿曲至垂直为准，逾此谓之过劲，身躯前扑，即失中正姿势。

五、脚掌应分踢腿（谱上左右分脚或写左右起脚）与蹬脚二式，踢腿时则注意脚尖，蹬腿时则注意全掌，意到而气到，气到而劲自到，但腿节均须松开平稳出之。此时最易起强劲，身躯波折而不稳，发腿亦无力矣。

太极拳之程序，先练拳架（属于徒手），如太极拳、太极长拳；其次单手推挽、原地推手、活步推手、大捋、散手；再次则器械，如太极剑、太极刀、太极枪（十三枪）等是也。

练习时间，每日起床后两遍，若晨起无暇，则睡前两遍，一日之中，应练七八次，至少晨昏各一遍。但醉后、饱食后，皆宜避忌。

练习地点，以庭园与厅堂，能通空气，多光线者为相宜。忌直射之烈风与有阴湿霉气之场所，因身体一经运动，呼吸定然深长，故烈风与霉气，如深入腹中，有害于肺脏，易致疾病也。练习之服装，以宽大之中服短装与阔头之布鞋为相宜。习练经时，如遇出汗，切忌脱衣裸体，或行冷水揩抹，否则未有不罹疾病也。

（二）太极拳说十要

杨澄甫口述

陈微明笔录

一、虚灵顶劲　顶劲者，头容正直，神贯于顶也。不可用力，用力则项强，气血不能流通，须有虚灵自然之意。非有虚灵顶劲，则精神不能提起也。

二、含胸拔背　含胸者，胸略内涵，使气沉于丹田也。胸忌挺出，挺出则气拥胸际，上重下轻，脚跟易于浮起。拔背者，气贴于背也，能含胸则自能拔背，能拔背则能力由脊发，所向无敌也。

三、松腰　腰为一身之主宰，能松腰然后两足有力，下盘稳固；虚实变化皆由腰转动，故曰："命意源头在腰隙"，有不得力必于腰腿求之也。

四、分虚实　太极拳术以分虚实为第一义，如全身皆坐在右腿，则右腿为实，左腿为虚；全身皆坐在左腿，则左腿为实，右腿为虚。虚实能分，而后转动轻灵，毫不费力；如不能分，则迈步重滞，自立不稳，而易为人所牵动。

五、沉肩坠肘　沉肩者，肩松开下垂也。若不能松垂，两肩端起，则气亦随之而上，全身皆不得力矣。坠肘者，肘往下松坠之意，肘若悬起，则肩不能沉，放人不远，近于外家之断劲矣。

六、用意不用力　太极拳论云：此全是用意不用力。练太极拳全身松开，不使有分毫之拙劲，以留滞于筋骨血脉之间以自缚束，然后能轻灵变化，圆转自如。或疑不用力何以能长力？盖人身之有经络，如地之有沟洫，沟洫不塞而水行，经络不闭则气通。如浑身僵劲满经络，气血停滞，转动不灵，牵一发而动全身矣。若不用力而用意，意之所至，气即至焉，如是气血流注，日日贯输，周流全身，无时停滞。久久练习，则得真正内劲，即太极拳论中所云："极柔软，然后极坚刚"也。太极拳功夫纯熟之人，臂膊如绵裹铁，分量极沉；练外家拳者，用力则显有力，不用力时，则甚轻浮，可见其力乃外劲浮面之劲也。不用意而用力，最易引动，不足尚也。

七、上下相随　上下相随者，即太极拳论中所云："其根在脚，发于腿，主宰于腰，形于手指，由脚而腿而腰，总须完整一气”也。手动、腰动、足动，眼神亦随之动，如是方可谓之上下相随，有一不动，即散乱也。

八、内外相合　太极拳所练在神，故云：“神为主帅，身为驱使。”精神能提得起，自然举动轻灵。架子不外虚实开合。所谓开者，不但手足开，心意亦与之俱开，所谓合者，不但手足合，心意亦与之俱合，能内外合为一气，则浑然无间矣。

九、相连不断　外家拳术，其劲乃后天之拙劲，故有起有止，有续有断，旧力已尽，新力未生，此时最易为人所乘。太极拳用意不用力，自始至终，绵绵不断，周而复始，循环无穷。原论所谓“如长江大河，滔滔不绝”，又曰“运劲如抽丝”，皆言其贯串一气也。

十、动中求静　外家拳术，以跳踯为能，用尽气力，故练习之后，无不喘气者。太极拳以静御动，虽动犹静，故练架子愈慢愈好。慢则呼吸深长，气沉丹田，自无血脉偾张之弊。学者细心体会，庶可得其意焉。

三 李雅轩谈太极拳

（一）

太极拳的功夫是走轻灵虚无，稳静松软的劲。其他拳门多是讲神气活现，刚柔相济的劲。太极拳是神意内敛，外家拳是精神外露，内外功的区别也就在于此。

刚柔相济并不是说他不对，而是要看他怎么一个刚柔相济法。太极拳之刚柔相济，是在技击中有忽刚忽柔，要轻则百无所有，要重则无坚不摧，这是虚实变化、刚柔轻重要互化的意思。而他之刚柔相济，多是说身体又刚又柔，是刚柔合组的一种僵劲存在于他筋骨肌肉之中，如这样就形成一个刚柔、轻重、虚实不分时情形了。

吾辈练拳，以全心全意地去想松，而尚不能将身势松得干净。如在练功时，心中先存着一个刚柔相济的思想，哪还能将身势松得干净，而没有一点拘滞别扭之力了呢？如这样的刚柔相济的练法，我相信一辈子也将身体松不纯粹了。如这样的刚柔相济的练法，又刚又柔日子久了，会将身体练成为一种僵肉力，在筋骨肌肉之间也起了一种僵肉的胚胎，有了这种胚胎，就一辈子去不掉了。有了这种情形，他的神经感应也必然非常迟钝。练太极拳全凭神经感应灵敏，如灵机性少了，那太极拳还练什么！灵机是出于神经，神经的灵敏是人身之至宝，所以太极拳练法在未出势之前，预备式中就先要松身心、静思想，以养神经上的虚灵为第一要着。

有些人练了其他家拳劲功夫后，又转练太极拳，多年不大进步，就是他们将身上宝贵的神经灵敏给练死了，加之思想方法不对头。所以不要兼练他家的功夫，有的人以为练几种拳，会的多，总会有好处，其实这是错误的。练拳应本王宗岳老论用功，又要本着我教你们的情形去思悟，就不会走错了路。如心下时常思想些他们的功夫，违背太极拳的原理，那与功夫是有很大的影响。

要联络些有真太极拳功夫的人为友，互相切磋，对功夫才有益处，否则是不会进步的。

在过去把太极拳称为“神拳”，其意有二：一是太极拳在练时是用神用意，于藏而不露之中，主要是用神，所以称为神拳；二是太极拳在对手时变化神奇，冷快绝伦，能打人于不知不觉之中，如要神气一动，对方就惊心动魄，不知所措，所以称之为神拳。当先，杨露禅称神拳“杨无敌”，就是这个道理。一般拳术家多在筋骨肌肉上练些刚柔伸缩的动作，而不是以神、以气、以意为主，如练太极拳只是用这种筋骨伸缩动作为主，那功夫就练不好，如定要兼练些其他的功夫，那势必将身体弄成浑浊僵肉的劲道，那在轻重虚实变化上就感应不灵了。练太极拳要时时刻刻保持它的纯洁性，如不注意就会变成不似正宗太极拳了，此不可不慎也。

太极门中拳刀枪剑皆有，可以健身，亦可以有技击的作用。只将太极拳练好了，就不容易了，如再兼练他们的功夫，难免技多而不精。

太极拳是聪明人练的拳，如无练拳的天才，就练不好。既要有真的太极拳老师传授，又要舍得下苦功学习，尤其要有聪明智慧，不然就成不了好手。王宗岳老论云：非有夙慧不能悟也。又云:先师不肯妄传,非独择人,亦恐枉费功夫耳。有练太极拳的天才,正好以求,但必须专门研究太极拳的道理,如兼练些杂门的东西,那就练不好了。

揣思摩像,我当先也常有之,要想起杨老师打拳推手的神气,便觉功夫有进步。如长久不见老师了,练拳就找不到味道了。近有人竟不知思念教者的意思,肯定是不对的。

对太极拳的体会:松腰塌胯,虚实分明,一吐随起,一纳即伏,手领神到,意气布满,一动全身随,真气内鼓荡,身如轻舟走,脚与地面通等等皆对。不过在练架子时,身势应如载重之船行于江河之中,又有动荡之形势,是非常地沉稳,起,不离水的托力;下沉,不能触河底,船身始终是由水的浮力托着的。也就是说人练拳的身体,是在脚腿上之力托着的,既不能浮起,又不能生到硬根儿,如只说如轻舟走,怕是不懂悟解的人,把意思错解,将身体气势练浮起来,胯以下应以气使其下沉,腰以上、背项、顶部应是以神往上提起的,往下去的是全身重量落于脚底,与地面过电打通,如这样子一沉一拔,将胯以上拉成一个整体,再与脚腿通,然后以神领动,并且以气鼓荡着,来使身体作拳势的一些动作,这叫作用神、用意,不用力。如专用筋骨肌肉有形之体作动作,那就忽略了神、意与气势在练拳上的作用,只是一个肉体在蛹动,那有什么味道呢?关于这点要注意,切切。

在练拳时,身体如火车的车厢,脚腿如火车厢下之大盘丝簧,车厢是托在盘簧上的,不使车厢上起离开盘簧,也不使车厢下触着硬的铁轮,如此我以为才对。

功夫的锻炼,因个人的身心性格不尽相同,所以所找的道理也不一样。

我练功夫的方向,是找大松大软,是找虚无的气势,是找神明的感应，是找莫测的变化。不停留于筋骨肌肉的初步锻炼过程中。我以为这种大松大软，神明感应，莫测变化，妙处无穷，我不以为他大松大软了就不能抵抗对方之来手。

古人云：能得天下之英才而教之，乃人生之至乐也。

（二）

太极拳的锻炼方法及其主要说明：

太极拳运动的特点是静中之动，虽动犹静。动所以活气血，静所以养脑力。动静结合，身心皆练。内外一体，刚柔相济。所以同时能充分发挥医疗体育的作用。不但这样，太极拳的创造原为一种武术体育，包括高深的技击作用。它无一动不有技击方法的用意，就算是一抬头，一举目，亦有一定的意义，并没有丝毫丢了技击作用的妄动。所以当动则动，不当动则不动。练习精熟之后，每一动其身势腰腿气息神识无不配合恰当。如应用在推手上，对方来力进攻时，便可以运用四两拨千斤的方法，顺势借力，化之于无形。其运用不尚拙力，而用智巧，以柔克刚，逆来顺受，故可以变化自如。此皆由于沾粘绵随，不丢不顶，故可以随心所欲。功至极深，能使对方来力落空，如捕风捉影，无有用武之地。到了这个境界，可以说对懂劲已有相当认识了。像这种情形，当然不是一朝一夕所能达到的，但是只要坚持勤学勤练，不断地用功，必能豁然贯通。贯通之后，不独技击精妙，亦可却病延年兼而有之。

一、锻炼方法

锻炼方法约分两步。

（一）掌握一般规则

1. 学习动作。初学时，以学动作入手。在教者的指导下，以其示范为榜样，细心摩仿，一式一式地学会。此时对一般的必不可少的规则，如立身中正，安舒松软，虚灵顶劲，气沉丹田，松肩垂肘，拔背含胸，松腰敛臀，呼吸自然，动作求顺匀，用意不用力，上下相随，内外相合，迈步如猫行，运劲如抽丝，分清虚实，连绵不断，举动轻灵，运行和缓等，必须要求逐渐地能够完全掌握。

2. 纠正姿势。四肢的部位距离，身势的重心，所向的方向，进退转换的姿势，拳掌肘腕肩腰胯膝脚头顶脊背的规矩，俱要要求正确。凡有不对的地方，必须仔细加以纠正，以打下良好的基础。

（二）狠抓重要核心

功夫到了一定程度，一般规则已能全面掌握时，必须突出的抓住下面几个重要核心。

1. 松净柔软。在练习的时候，周身关节和肌肉务须放松，由手腕肘臂肩胸腰胯膝以至全身，无一处不放松。不可留有丝毫拘滞之力以自缚其身。须全身松软到“柔曲百折若无骨”一样才对。

2. 行气用意。练拳时必须手手贯以意识，虽松而不懈，不能丢掉了意识而自动，每一动都要作到均匀合度，以意气贯注到每手每势的动作上为准则。呼吸要深长，而且要在自然舒适的原则下做到的，不可稍有勉强。就算一举手，一动脚，俱要有神气的向往，并配合以呼吸的鼓荡。使动作随着呼吸的鼓荡以开合，使呼吸顺着动作的开合而吐纳。如此练习日久，其中气自然会充实，身体也一定会健康了。

3. 稳静安舒。练拳时，要先将身势立稳，放松。头上顶，尾闾中正。不但身势放松，而内心也须放松，摒除一切杂念。如此稍待片刻,待身心稳静下来而后出动。一手一式,稳稳静静舒舒适适,如长江大河滔滔不绝,如抽丝挂线,绵绵不断。一趟太极拳练到完毕后,感觉浑身非常舒适,精神非常愉快,口中唾液甘甜,这便证明是身心泰然,已有了稳静的功夫了。如练完一趟拳后,非但无此感觉,反而口干舌燥面青气喘,这便证明是心神浮躁,未能达到心身泰然的境界,那就须细心地体会或请教师指正方可。

如经过一定时间的锻炼之后,在身体方面有了适度的柔软,在中气方面增长了内部的力量,在脑力方面有了清醒的灵觉,以后自然地产生一种松沉的气势,灵觉的感应以及柔软而有弹性的力量。由于以上这些情形而发出来的作用,就太极拳的术语来说是谓之"劲"。体验到这种劲而后学习各种推手,进一步研究懂"劲"的功夫。就不难豁然贯通了。

二、主要说明

1. 关于阴阳:阴阳是谈手式动作正反两面的一个代名词,手心向上为阳,手背向上为阴,手心稍向上尚未达到正面时为少阳,超过正面为老阳,手背半面向上为少阴,手背向上超过了正面为老阴,关于拳式中各项动作也同。

2. 关于身桩:胯宜坐正。不前出,不后突,脊梁拔直,肩宜空,肘宜垂。切忌架肘耸肩。

3. 每逢弓步:在前之腿,小腿宜垂直,脚尖向前方。在后之腿宜伸直,但不可过挺,以稍有含蓄为对。脚尖宜往里扣转约四十五度,重心落在前脚的是七成,落在后脚的是三成。

4. 每逢马步式:是川字步两腿下蹲,宜合适为度,其重心在两腿当中平均的。

5. 每逢半马步式:如倒撵猴等,其向前之脚担负全身重量是三四成,在后之脚,担负全身重量六七成。

6. 每逢虚步式:是全身重量落于实的一脚,虚的一脚等于虚设,无论其在前或在后,也无论其脚尖着地或脚跟着地,都是非常地虚灵。如同有蚂蚁也踩不死,有鸡蛋也踏不破为对。其两腿全是有弯曲的。

7. 每逢仆步式:在前之腿伸直与地面平行,脚掌平触地面,脚尖微向内扣,在后之腿下蹲。如抽身下势。

8. 关于头部:头宜虚灵着上顶,下颌含垂,舌宜自然舒适地附于上颌,不要以舌尖用力去抵上颌为宜。否则神意不舒,唾液不生。因为太极拳以自然为原则,做到大自然,大舒适,心神泰然之后:口中方有唾液甘甜,故特宜留意。

9. 关于呼吸:在初学时,只宜找呼吸舒适、自然深长即可,不必找以呼吸配合动作。因在初学者动作尚未纯熟,还不能随随便便做到上下相随,快慢均匀,身心相合,动作松柔,心神愉快。如在这个阶段想以呼吸去配合动作,往往使呼吸受到拘束,那就不自然了。如长期地不自然下去,就会影响到身体的健康。所以在初学拳时,不必使呼吸去配合动作,这是练太极拳很要紧的一件事。必使动作纯熟,养成习惯,虽在不注意之中,也能作到身心安舒,而后再逐渐地试探着以呼吸去配合动作,才能配合恰当,身心舒适。

10. 呼吸配合法:呼吸配合动作的情况,凡是动作的开展或放大或伸长,这是气呼出的时候。凡是动作收回或缩小,这是气吸进的时候。但这不过是一个原则,如练拳既久,功夫增长,其动作必定缓慢,不难体会到深厚的意思。因动作缓慢,其呼吸就不能慢到那个程度,这就必须用加一个呼吸的办法,也就是在动作的中间加一口气,譬如开展的动作在其初开时呼,在开到中间时加一个吸，到开至终点时仍用呼。又如收回的动作，在初回时是吸，在回到中间时加一个呼，在回到终点时仍用吸。如此练法，仍算是以呼吸配合动作，但虽配合呼吸，还是要以舒适自然为准则。不能勉强机械地去运用，不可不知。

11. 关于用意：太极拳一再强调要用意，不要用力。又说，用力则笨，用气则滞，所以入手功夫就要把意识贯注到每一个动作中去。后来到了最高境界，则是完全以锻炼神经的清醒灵感为目的。其主要方法，以稳静安舒为基础，在动作过程中，全神贯注，不稍疏忽，但又切忌专注一面，防止有所照有所不照。更不宜用意过度，致精神外露，需要做到有意无意。无意之意，要像一盏明灯于密室之中，自然无处不照一样才对。

12. 关于推手：学推手时，更须按规矩练习，对于掤、捋、挤、按，如实作好，务要粘连绵随，不丢不顶，以打下基础，然后再学行步推手，大捋推手，以至散手等等，逐步深入，逐步提高。譬如学写字，先学楷书，如何下笔，如何住笔，如何出笔，横平竖直。有了笔力基础，然后再学行书。行书学好，再学草书。如此作书虽快而法不乱。否则草出来的字就不容易令人认识清楚。学太极拳亦然。

13. 关于拳谱：太极拳用功要领，在太极拳老谱中已有概括的说明。只要有教师指导，按规矩练习，久而久之，就会有相当的进步，所以十三势歌说：歌兮歌兮百四十，字字真切义无遗。若不向此推求去，枉费功夫贻叹息。如今有些人将非太极拳的东西合并在太极拳里，还说是他老师代代相传的秘诀。这与太极拳本质不相干。希学者注意。

14. 关于择师：学习太极拳，首先要选择好的老师，其次要听老师的指导。有耐心，有恒心，不贪多，不虚假。一式学好，再学一式。不宜马马虎虎地将一路拳学会。这样学习对身心有益处。如师资不好走入错路，或者心性浮躁，贪多不精，将思想练浮了，将动作练流了，日久成为习惯，其错误的想法在脑海中根深蒂固，难以洗刷，其错误的用劲，在筋骨之间已长胚胎，难以化掉，那就会愈练离太极拳功夫愈远。如要把拳练好，又须从头返工，那比初学拳还要困难。由于功夫的错误，或不踏实，对疗养疾病和健康身体的效果也要差些了。

15. 其他：太极拳需要说明的很多，今不过择其主要的说明一下。

（摘自刘仲桥师手抄本）

四 陈炎林论劲

摘自陈炎林《太极拳刀剑杆散手合编》：

太极拳之腰腿

拳击之中，无论何门何派，均须求腰腿灵活一致，虚实分明，站步稳实而无浮漂等弊。故练少林拳者，在初步时，必先学习溜腿、扳腿、压腰、站桩各式。务使腰腿柔和灵活，稳实有力，以为日后练拳基础。少林派既如此，太极拳亦何尝不然？但近人多以太极拳无腰无腿，更无初步练习方法，此说殊谬。考前辈练习斯拳，在初步开始时，必先练习马步站桩，川步站桩，蹬腿采腿等法。使腰腿稳实有劲。复由掤、捋、挤、按等单式一一练起。练至腰腿一致，前进、后退、闪避、升降，随心所欲，然后练习太极长拳。现今学习太极拳者，多径取便捷，不愿下此苦功，开始即练太极长拳，因此人多隔阂，莫名所以。实则太极拳一势一式，拿劲、提劲、化劲、发劲等，均以腰腿为主动。无腰腿既不能成为一势一式，更不能化人、发人。譬如发劲，手之黏拿，无非帮衬，其主动枢纽，仍在腰腿。化劲亦然，如仅以手化，既费力，又迟钝，终不若以腰腿之为巧。或有于此不精者，皆不注意练习腰腿之故也。至于踢腿，在现今太极长拳中显明露行者，只有四腿，即左右翅腿、踢腿、蹬腿及摆莲腿耳。不解者以为太极拳不善用腿,殊不知太极拳式中凡虚步之处,均含有踢腿,而太极拳之奥妙亦俱在斯。非练至相当程度后,不能了解。惟所有踢腿,皆不过人肩部,与少林拳黄河派(北派)善于踢高腿(一名明尖),击人头部者,正相异趣。盖太极拳不用高腿之意,除免伤身败气外,深恐踢腿过高,易被人执,至弄巧成拙,反为人所制,宁可舍去勿用。太极拳中之踢腿,分有翅、蹬、踢、起、摆、接、套、衬、采等腿(均为松弹劲,而以腰发之),可以随机应用。但须注意腰腿必须一致,切不可腰动而腿不动,腿动而腰不动。在初学及未精通时,每易犯腰动而腿不动,或腿动而腰不动之弊病。例如推手时,常觉盘圈不圆,黏化不敏,拿发不灵,均由此而生也。若能练至腰腿灵活,前进、后退、左顾、右盼、升降、闪还、撩了皆能运用,则身法俱全,庶可升堂入室矣。

太极拳之优点,人所共知者。(一)动作柔和,呼吸自然。(二)动中求静,养气凝神。尚不知有练腰益处,因腰能常旋转,命门(内生命门火)则得以发展。命门在两肾脏之间,男子用以藏精,女子用以系胞,生汁液为津,乃人身强弱之主要关键。命门火蒸腾,能化而为气为血,升而为神,张而生肌,动而为力,神旺气足,身体强健。反之,如面色苍白,腰痛膝冷,足痹骨酸,阳事萎弱等诸症,皆起于命门受损,牵连肾部,故腰腿之于人身甚为重要。设能练之以法,则身弱者必能臻于康强之境。太极拳停步推手中双手平圆沾黏推手法,及双人平圆沾黏扎杆法,均为专练腰腿唯一良法。如能习之以恒,则皮肤滋润,面现红色,两耳发赤,太阳穴充满而膨出,眼珠光泽,有神有色,舌底津涌,不思水饮,此乃表示命门火充足之相,实与健康大有关系。太极拳老谱中云:“车轮轮,命门一,纛摇又转,心令气旗,使其自然随我便,满身轻利者,金刚罗汉练。”可见命门之重要也。

论劲

劲与力，在未学拳击之时，故无从分别。但已学拳击，不可不分析了然。尝见学习武艺数年之久者，仍莫名所以，殊属憾事。须知力，由于骨，陷于肩背，而不能发，劲由于筋能发，且可达于四肢，力为有形，劲则无形，力方而劲圆，力涩而劲畅，力迟而劲速，力散而劲聚，力浮而劲沉，力钝而劲锐，此力与劲不同也。少林拳中之力，有直力、横力、虚力、实力之分，直力显，而横力隐，虚力刚而实力柔，未学者力直而虚，是真力也。已学者力横而实，此乃劲也。但劲之中，又分创劲、功劲、崩劲、粘劲等，初学者多创劲、功劲、崩劲。创劲太直，难以起落；功劲（即艺劲）太死，难以变化；崩劲太促，难以斩接。要皆强劲露形而不灵，艺高者多为粘巧劲，又灵又捷，不见其形，手到劲发，未中之先无劲，既中之后无劲，惟中肯之顷，疾如闪电，一发便收，敛气凝神，毫不费力。夫阳劲以刚胜，阴劲以柔胜，如大风过处，百草俱偃，此为少林拳中之上乘功夫。太极拳亦然，全尚巧劲而不尚拙力，其人呆力愈大愈厚，则巧劲愈小愈促，故巧之门类甚繁。例如沾粘劲、听劲、懂劲、走劲、化劲、借劲、发劲、引劲、提劲、沉劲、拿劲、闭劲、开劲、合劲、拨劲、掤劲、捋劲、挤劲、按劲、采劲、挒劲、肘劲、靠劲、搓劲、撅劲、卷劲、钻劲、截劲、冷劲、断劲、寸劲、分劲、抖劲、跳劲、抖擞劲、折叠劲、擦皮虚临劲等，其中尤以沾黏劲、听劲、懂劲、化劲等数劲为该拳中之擅长特点。若能将此数劲了解，用之以身，则可以明瞭太极拳之奥妙矣。虽云，太极拳至大战时，仅尚意而不尚劲，然初学者，升阶有级，入室由门，必须从劲着手、盖不知用劲，即不明运气之功，不明用气之功，则不知太极拳真意。所谓登高必自卑，行远必自迩，可见用劲实为太极拳之初步纲领。故本篇对于劲之一项，撮其大要，分析述明，此为初学者之研究焉。兹将各劲分述如下：

沾粘劲

即不丢之劲，主前进，为太极拳中最需要之基本内劲，由推手而来。初练时，两手不知所觉，犹如木棍，渐复由手而臂、而胸、而背，以至周身皮肤，逐渐生有感觉。有感觉始可沾粘，有沾粘始可将敌吸住，为我所制。此种沾粘，须由高明教师引领之。宛如蓄电池之过电，教师为一有电之发电机，学者为一无电之蓄电池，引领犹如过电，功成则如发电机已将电过入于蓄电池中，嗣后蓄电池亦能单独发电，俗称喂劲。以其如慈母喂食于小孩，日久以后，小孩亦知自食方法。故练习此劲至相当程度后，皮肤上有似云似雾之气，如漆似胶，一遇敌手，即不丢不离。非但两手如此，周身皆然。其艺愈高者，气愈厚，而面积愈大。但此气不能目睹，但能自觉。或使具有同样功夫者，互相感觉耳。故艺高之人，于推手时，一搭手即知对方程度，其理即在彼此沾粘圆圈面积之大小也。此劲为练习太极拳推手中最重要者，初步必须练习，否则不能研究其他诸劲。此为初学者不可不注意也。

听劲

此听乃周身皮肤感觉之听，非通常用耳之听也。故在未练听劲之前，必须先练沾粘劲。若不明沾粘，则不能听。或以推手之纲领，全在懂劲。而未知不听，即不能懂（懂其动作变化）。犹如言语，若不用耳静听，即不会解人意，故欲懂非听不可。太极拳之听劲亦然。非先将己身呆力俗气抛弃，放松腰腿，静心思索，而敛气凝神以听之不可。夫不懂如何能走，不走如何能化，不化如何能发。由此可知太极拳中之听劲。甚为重要。希学者深注意焉。

懂　劲

能听，然后能懂。此固为一定之理。然听或不准确，即不能全懂。故懂劲一门，亦甚困难。非由名师口授与自己切实研究不可。经相当时期后，方能全明其理。在太极拳推手中，未懂劲之先，固易犯顶、偏、丢、抗等病。然已懂劲后，往往易犯断、结、俯、仰各病，此乃后者在似懂非懂之间。断结无一定之标准，皆因视听不能准确，尚未能达于真正懂劲之境。倘能闪、还、撩、了、转、换、进、退，行动自然，随心所欲，如是方可谓真正懂劲也。真正懂劲之后，即能得屈、伸、动、静之妙，开、合、升、降之效。见入则开，遇出则合，看来则让，就去即升。果能到此地步，即入神明之域。太极拳论中所云“懂劲后，愈练愈精”，此之谓也。在未懂劲前，若先求尺、寸、分、毫，斯为小功，不过末技而已。所谓能尺于人者，实非先懂劲。也必须懂劲后，神而明之，自能量尺、量寸、量分、量毫。能量，然后能节、拿、抓、闭。到此境界，又分自己懂劲，于人懂劲二种。自己懂劲，接及神明，能反探战己身中之阴。时时皆然，俗谓阳得其阴。水火既济，乾坤交汞，性命葆真矣。此乃修道中要诀。若于人懂劲，视听之际，随遇变化，不着思虑形相，而无往不宜，自得太极之妙。此即技击中之要纲。上述两种，乃为太极拳之大成。故习太极拳者，非懂劲不可。如莫明此道，则难与言太极拳者矣。

走　劲

即不顶之劲。主后退,由懂劲而来。不懂如何能走?譬如人来势,或高或低,或横或直,或左或右,或长或短,原无一定标准,若不懂其势,如何能走?走者,走避人之重力,而不与之相抵之谓也。故搭手时,手部一觉人有重意,即变为虚。如遇偏重,则偏松之,遇双重,则偏沉之。泻去其力,随彼力之方向而去,不稍抵抗,使人处处落空,毫不得力。所谓左重则左虚,右重则右杳是也。然初学者非遇大劲不走,是尚有抵抗之意,而非懂劲后之真走也。走劲之枢纽全在腰腿。腰腿无功,亦属徒然。学者对于此节亦不可不知焉。

化　劲

化劲由粘劲与走劲而成。不丢不顶,随感随化,前进后退,左顾右盼,相济不离。化之要点,全在我顺人背。若能达此境界,则彼虽有千斤之力,亦无所用。故化劲在太极拳中洵为重要。而化劲中须略含掤劲,无掤劲则又不能化。化劲要非以手或肩化之,全用腰腿。若用手或肩,是谓硬拨,非真太极拳之化劲也。倘能顺人之势,或高或低,或横或直,快慢相合(化之太快,不能引其入笋,过慢仍未化去),沾而化之。至于直来曲化,或左或右,或上或下,使彼劲路变更方向,在乎随机应用耳。但往复须折叠,进退须有转换,使人不知己之劲路,直至对方势背为止。是谓真化也。化后乃可拿可发,要亦不可化尽。化尽则己之沾粘劲易断，而去势随之远矣。又不能化之过后，过后则势背，不能前进。至于化敌之发劲，须俟敌劲将出而未全出，出将至而未全出之顷，随势而化，勿太早或过迟。太早未到，无有所化，过迟已着，化之无益。至于化圈大小，艺愈高者圈愈小，反之则愈大。或以太极全尚软化者，非也。该拳实乃有化有发。化之得势，则发亦自可矣。化不得势，何能言发？全由学者领悟运用耳。艺高者后化即前进，其上身似往后化退，但下步同时已前进矣。此为以退作进之法，诚奥妙无穷尽焉。反之，初学者泰半以退步为后化，实不知此乃逃避，而非真化也。上乘者外操柔软，内含坚刚。此坚刚非有意之坚刚，实乃练工日久，自然增长之内劲也。所难者，内含坚刚而不施于外。即迎敌化人时，亦以柔软应付坚刚，使人坚刚尽化无存。然此步功夫，何等深玄。要非沾、粘、连、随，已由懂劲而达神明之域者。不能轻灵玄妙，收四两拨千斤之效也。

引　劲

引劲即人不动，而引其动，或人既动，而引其入于已之路线是也。人仅知化劲、拿劲、发劲，而不知有此引劲。实则引劲处于化拿之间，而较化为难。盖对方来势，不能随己心欲，故必须用引劲以引之。譬如两物行走，方向不一，则无由相合。必须引之，然后乃能相合。至引之方法，须化到对方之劲将尽未尽时，如此方可引之入彀。易言之，引劲乃欲引出对方背势中之焦点。遇对方艺浅者，固易为之。若稍有能为者，又须用假引之法。如引高打低，引直打横，或故出一虚拳以引之，使彼丹田气上升，失却重心。在惊惶之际，出其不备，即可拿而发矣。故在发之先，须有拿，在拿之先须有引，在引之先须有化。斯为一定之理。此种引劲之法，非专习有年者不能成。因引劲非仅手引，同时亦须应用身法、步法、腰法等。盖引之愈长则发之愈有势。故太极拳论中所谓：进之则愈长，退之则愈促。即此意也。但终不离沾粘二字，是又不可不注意。

拿 劲

此劲较引化两劲，尤为难学，且在太极拳中颇为重要。盖不能拿，即不能发，能拿方可发。发之不中，皆由拿之不准。拿实为发之先锋。拿至敌发呆顿而己之意到时，即发其焦点，未有不中的。惟拿时须动作轻灵，重则易为人知觉，变化脱去。其难亦即在斯将拿未拿到之顷。若拿到后，敌即不能脱去。故拿之妙，妙在人不知不觉之间。但拿人必须拿其活节，如腕、肘、肩、等处，否则易被人化脱。双手拿人，犹如以秤衡物。重者秤锤移于外，轻者则移于内。务使高低轻重相等，勿失其衡。拿时除沉肩垂肘，含胸拔背，敛气凝神外，己之重心尤须注意。务须尾闾中正，顶悬步稳，勿失重心。所谓拿人不过膝，过膝即不拿。乃此意也。如离人远，非已进步不可，不然有失去重心之虞。拿人非手拿，手拿钝而易化。拿之枢纽，全在腰腿。拿人非力拿，力拿呆而易脱。拿之主使，全在意气。而拿之步法、身法、方法亦均重要，非口授不可。功深者拿人，一搭手无论何处，一索即得。且能使被拿者身不自主，随其所欲，俗曰入笋。但艺高者，往往拿而不发。其理乃因拿到后，人既知势败必负，已认屈服。可毋庸再施发劲，令人更觉难堪。此亦君子之道也。拿又分有形无形两种：有形者，拿之圆圈愈小，其功夫愈深。反之圆圈愈大，其功夫愈浅。无形者，在二人皮肤相粘，各施引拿时，艺浅者之圆圈常被艺深者圆圈遮蔽。此种奥妙功夫,虽由名师教授,然非本身练之以恒,不克有成。

发 劲

欲击人,非发劲不可。不知发劲,焉能击人,更无以言拳击。其以太极拳为养生者可无言,如欲防身,则非知发劲不可。因太极拳若仅知化而不知发,是乃知守而不知攻。须知化中有时不能手手化净,岂能安然无事。一有失败,即牵连全部。进言之,纵不求胜于人,至少亦应不败于人。故非一化一发(即一守一攻)不可。如此使敌不能致全力于发,亦须顾及于化矣。故前辈发人有"出手见红"之语。意为一出手即使敌人跌倒。不令人攻而守,或己守而攻。免得多费时间和精神也。实为至理名言。否则既须注意于守,又须注意于攻,反使己之精神分散,为人所乘。太极拳中之发劲分有截劲、长劲、沉劲、钻劲、寸劲、分劲、冷劲、断劲、抖跳劲等。其中截劲较长劲为猛,钻劲较沉劲为厉,分劲较寸劲为狠,其发人能将人双足离地,以一次腾出为佳,如人双足不能离地,仅带跳带退出为次,后者缘气与劲不足,爰不能摧敌根腾起焉。至于冷劲,因引发人于不知不觉,故爰其势甚猛,用之固不易,但为艺高者所不能取,盖有损于君子之道。何谓断劲,断劲乃在引人得势后,中间内劲稍断,随即以全身蓄劲,直发于人身。此劲猛烈异常,用于不知太极劲,或知而不精者,最为灵验。习固不易,但亦为艺高者所不取。盖因斯劲之发,全皆暗昧不明,殊非丈夫所为。相传昔日杨班侯发人,能使人双足离地,一跌腾出三丈六尺。在今人观之,杨之艺事可谓高超矣。然其父杨露禅反不以为是。其理亦以彼之发劲,实含有断冷劲性,而非光明磊落,用心意巧发也。此外尚有抖跳劲，当己劲与敌劲粘住时，即用腰腿劲抖拍之。敌身则双脚腾起，亦应之而拍于地，如拍毬然。尤奇者，先拍之若干下，复以长劲发之。敌发出后，亦能腾跳若干起，故此劲甚为奥妙。发劲中除借劲钻劲外，其他诸劲在未了之前，均须有化引拿。拿之得势，方能言发，不然发亦无效。此在初学者固觉困难，然一劲通后，他劲亦可通矣。未有精一劲，而不能使用他劲者也。学者于习发劲之初，当先知劲路。人之全身，何处为根，何处为枝，何处为叶。人之上身，何处为根，何处为枝，何处为叶。人之下身，何处为根，何处为枝，何处为叶。夫人之全身，足为根，身为枝，头为叶。人之上身，肩为根，肘为枝，手为叶。人之下身，腿为根，膝为枝，足为叶。故拿人发人，须先制其根。是谓登堂入室。亦即摧敌摧根是也。能明此旨方可发人。否则犹如缘木求鱼，终不可得。然以劲发人时，必有三种要点：(一)机势。(二)方向。(三)时间。机势，即己势顺敌势背。敌之重心偏于一方，显露其焦点，易言之，敌之重心已失，身上有一部分发呆(即拗住之一点)。同时其气上升也，方向或上或下，或左或右，或正或隅。必须随敌之背向而发之。时间，须恰当其时。即在敌旧劲已完，新劲未生之时(发呆时)，或后退之时，不可或早或迟。早则敌势未完，易生顶抗之弊；迟则敌已发觉，而生变化。此三者，不可缺一。如知机势而不知方向，易犯落空，或与敌相顶之弊。然知机势与方向，而不知时间，亦易犯顶抗，或发之不足等弊。果能三者俱全，则发人甚易。犹如弹丸脱手，无往不利。反之发势虽猛，仍无效用可言。除此三者以外，尚须注意己与敌之距离。过远则劲不能达，太近则己劲被闷闭，不能发出。至于发劲之高低上下亦有关系。人高我高，人低我低。人过低则我发其上部，人过高则我发其中部或下部。而敌之身躯长矮、大小轻重，亦概须留意。大抵矮者宜发其上部，长者宜发其中部下部之间。上下轻重相当者，宜发其中部。上轻下重者，宜发其下部。上重下轻者，宜发其上部。此种轻重，可于推手时，用沾粘劲与引化劲侦知之。发之地点，有时发其呆实处，有时发其虚而不能变化处。有时手指引其力出，而以掌发之。总之，虚虚实实，先使敌意气散乱，引出其焦点，然后发之。并随屈就弯，人屈则随其屈以发之，人弯则就其弯以发之，可随机而运用。夫艺高者，己之焦点甚小。而发觉人之焦点甚大。且在敌之身上任何一部分，皆能引出焦点而发之。同时己身之任何一部分，均可以发人。而其发人，又在一刹那之间，随引随发。诚令人惊羡不置也。发劲时，须求周身一致，且出于不知不觉。发者本身自觉愈无劲，而受者愈觉沉重。反之，本身自觉出劲甚猛，但被击者未受得如其理想中之重量。此中原因，实因发者自觉有劲，其劲并未全部透出。其自觉无劲者，彼劲已全部透出矣。故发劲须如放箭，曲中求直。当完全喷出，毋稍停留于手臂中。盖发多不畅者，每有三停。以上肢言，一停于肩穴，二停于拐肘，三停于掌根。以下肢言，一停于(髀)，二停于膝，三停于踵。以中部言，一停于胸，二停于腹，三停于丹田。发时己身应尾闾中正，虚领顶劲，含胸拔背，沉肩垂肘，坐腕伸指，两臂直而不屈(内劲如九曲珠之成一大珠式)。同时将背脊骨稍加凸出，并坐腰松胯，如枪弹出镗之状。但坐腰不能向后，向后则缩于后，而不能前发矣。发劲中内部气之运用有二，一由前往后，俗谓由先天往后天。是为丹田气沉，再由丹田逼出，贯之于四肢。一为由后往前，俗谓由后天往先天。是为气贴脊背，再由脊背而出贯之于四肢。发人之劲，一如抛物。欲抛则抛，切不可稍有要抛不抛之疑虑。设有此思虑，则意气易断。意气既断，何能发人？故发人时，须敛气凝神，目注对方。切勿视地，防人跌倒。视地则劲往下。太极拳论中有所谓仰之则弥高,俯之则弥深,即此谓也。须知神之所在,意气随之。劲虽发出,而意气依然不断。所谓劲断意不断,意断神可接是也。艺高者能随化随发,其中含有一个小圆圈,功愈深则愈小。半圆化半圆发,因此常不见其形。此即所谓进即是退,退即是进;收即是放,放即是收。相传昔日杨健侯一日坐于庭中,手持菸筒吸烟。其徒前趋请益。乃命徒以拳尽力击彼腹。徒拳将着,杨在一笑一哈之顷,将腹一鼓,徒跌出庭外。杨仍安坐吸烟如常,其徒竟不明由何劲而被抛出。杨之长子少侯,在金陵时,一日道遇疯犬,犬扑其腿。将及未及之际,杨用膝一屈,犬即腾出数丈。此皆上乘发劲之妙用。亦神乎其技矣。

借　劲

为太极拳中奥妙而上乘之发劲。非艺高者不能应用。因借劲之发人,无引无拿,其间仅含少许化劲耳。随到随发,不假思索,其速犹如风驰电掣。乘人之势,借人之力,高来高往,低临低去,无须觅其焦点背势。能使敌不知不觉而出。其尤奇者,敌来亦去,敌不来亦往。来势愈大,则被击之劲愈猛。打手歌中所谓牵动四两拨千斤者,即借劲之谓也。能借劲,则力小可挫力大,弱者可攻强者。倘更能善于此道,则人在任何部分,皆可借之。而己之任何部分,咸可发之。惟发人时必须腰腿一致,沉肩垂肘,含胸拔背,尾闾中正,以意气发出。尤须顾及时间,不可或早或迟。早则敌劲未出,何由假借,迟则身已中,无能为矣。最恰当之时间,为敌劲将出犹未全出,或将到而未全到之际。在其一刹那间,发之方为最为有效。犹如人之如室,一足正将踏入,而室门忽闭。人即无从入内,而反被门叩出。又若人之说话,正待开口发音之时，即掩之，口被掩扪，气阻音塞，无言矣。由此可知借劲之学习，实非易事。倘能运用自如，是谓太极拳中之上乘者。上述发劲项内杨家父子所发之劲，盖即此借劲也。

开　劲

见人即开。即见人劲来时化开之谓也。开劲乃方劲。而有开展之意，用以达人之内门。其势非常勇猛。用时身法步法，皆有相联关系。距离不能过远，过远则不能运用。开时须用腰腿劲，加之以意气，并非只用手臂。若仅以手臂硬开，则呆而钝。开敌至适当程度，恰到好处时，当即发之。过则己劲易断，即失效用。不足又反为敌所乘。总之，须开至己顺人背时为止。开之得势，即可直迫敌身，任意所为。但艺高者，往往故意自开其门，任敌人进入。待彼深入，即乘机反攻之。此种反施之法，合于老子所谓欲取故先予之说。又如窃贼盗物相同，若不入汝室，何以捕之？待彼入后，将盗汝物时而捕之，既容易，又合理。开劲在十三式拳架中，应用甚多，如提手上势、白鹤凉翅、如封似闭等。要在学者自能检讨之耳。开劲非仅化人，亦可发人。其发人含有掤意。故开后即须发，不发则失其机矣。

合　劲

开之反为合。俗谓一阴一阳，一开为阳，一合为阴。有开必有合，有合必有开。故开合二字，有连带关系。就去即合，即乘敌去合之之谓也。合为圆劲，亦即紧凑之意。合时用腰腿劲，须沉肩垂肘，含胸拔背，气粘脊背。在十三势拳式中，如提手上式、手挥琵琶、如封似闭、合太极等，皆有合劲之意。合劲于太极拳中，甚为重要，发劲时多含此意。盖能将周身之气，合而发敌之焦点，则敌无不创焉。故十三势行功心解所谓。“行气如九曲珠，无往不利。”一说即发劲之时，合众气一鼓而出，如九珠合而为一。盖发劲无此则气不能凝，不凝则散，发亦无效。

提　劲

提即提上拔高之谓，亦即太极拳中沾之一字。其效用乃拔敌之根，使其失去重心。敌重心既失，则势败矣。惟本身重而提身轻者固易，反之则难，非用巧法不可。此种巧法，即乘人不觉时，往前进步，用腰腿劲向上沾提。使人在不知不觉间，失去重心。至提之方法，全在腰腿，非用手提。手提则重而笨，易被人发觉。故提时足部当取稳实，丹田气松，虚领顶劲，气贴脊背，尾闾中正，敛气凝神，眼神注视对方，大有拔山提岭之概。此外对于方向、距离、身法及步法，尤应与对方凑合。不然仍属无效。是在运用者随机应变耳。提之得势，加以后引，则无论何劲，皆可发击，敌未有不出焉。此即打手歌中所谓“引进落空合即出”之意也。但提劲非艺高者不办，不然反为人乘虚而入，弄巧成拙。学者不可不注意也。

沉　劲

沉与重，人均以为一也。实则非耳。盖重为有形，沉为无形。重力呆而滞，沉劲活而有似松非松，似紧非紧之形，与重绝不相同。学者在推手时,对于沉、重、轻、浮,大都不能分析了然,故每易误入歧途。著者有鉴于斯。特将该“沉重轻浮”四字,总述如下。俾习者有径可踵,而达正途。盖双重为病,由于填实,填实则气闭力呆。双沉不为病,因其活泼能变。双浮为病,由于飘渺。双轻不为病,因其自然轻灵。然轻浮亦不等也。半轻半重不为病,偏轻偏重斯为病。因半者,半有着落也。偏者,偏无着落也。偏无着落,则失方圆。半有着落,不出方圆。半沉半浮为病,失于不及。偏浮偏沉为病,失于太过。半重偏重为病,滞而不进。半轻偏轻为病,灵而不圆。半沉偏沉为病,虚而不实。半浮偏浮为病,芒而不圆。然则果如何而后可?吾曰:双轻不进于浮,是乃轻灵。双沉不进于重,是乃离虚。此二者,斯为最佳也。总之,内须轻灵不昧,而外气清明,能留于肢体,始为正法。发劲能沉,则敌出更厉。因丹田之气,由背而臂而手,达于敌身,使敌腾空跃出。如拍球然,拍之愈急,其升愈高。此劲颇猛。为发劲中重要之一。太极拳论中所云“如意要向上,即寓下意。若将物掀起而加以挫之之意。斯其根自断,乃坏之速而无疑。”即上述大意也。学者不可不注意耳。

掤　劲

此劲在推手中,甚为重要。推手时如无掤劲,一搭手后,即为人所压瘪,无以相抗。但掤敌非用手臂,须用腰腿,加以意气,使敌不易攻入。此为防守之法。若欲发敌。则未掤之先,应往后向下,用引劲诱之,使其劲出而显有焦点,复藉其劲而掤之,无不获胜。否则对方势必空虚,无由借假,不能掤也。掤之地点,以人活节,或拗处为佳。盖使其不易化脱也。掤至适当时机,亟须发击,不然徒劳往返，有何意义。掤发人时，须凝气敛神，眼神注视对方。若掤东视西，则无效矣。

捋　劲

捋者。一手（掌缘近腕处）沾人腕部，一手（肱部）粘人臂。捋其至己身处，所以补其他发劲之不足也。盖其他发劲，敌多往后跌出。如彼已知此弱点，故将其重心前仆，不使后仰。斯时当用捋劲，乘其前仆，即捋之。使彼前仆而跌至己身后。然功浅无沾粘劲者可勿用之。盖易被人乘隙而直入也。纵有粘劲者，若捋之不得其法，亦多不克制敌。其故有二：一则不能引敌。盖未捋之前，须故意先用掤劲。掤则对方必起抵抗。有此抵抗力，方可捋也。二则不明捋之方向。初学者捋之方向，多用直线。此在艺高者有身法步法，固能为之。若技艺不精，反不如用三十度左右之斜角线为佳。因前者之劲，易被滑脱，后者犹可借人劲也。捋人之主动关键，全在腰腿与意气。而非手臂也。夫捋之初，己身腰腿应略上升。掤至胸口前，人背已顺时，乃坐腿松胯，转腰而捋发之。但已过则不能发，未到亦然。盖已过则势尽，发亦无能。未到尚难得势也。故以捋发劲时，须全身精神贯之。眼神尤其注视对方，即对方跌倒，亦须注意勿怠。此即十三势行功心解中所谓“劲断意不断”是也。捋劲在推手中，甚为重要。不能捋，即不能使对方前俯，更不能移动其重心。重心不动，取胜难矣。

挤　劲

挤者，乃以肱部（即小臂）挤击人身之谓也。为推手中主要动作之一。不可过高或低。挤生于敌捋己之后。故欲挤之势足先须故意任彼捋足，而变挤挤之。挤亦可用于人靠之后。但挤不能用手臂之力，须用腰腿劲，加以意气。其姿势应圆满，勿生棱角。顶悬身正，沉肩含胸，尾闾收住。上身勿向前仆，免失重心。若用力挤，则己臂反易为敌借劲。故艺高者能将挤气贯于人之足部，使人处于背势，身体不得自由。其发可长劲、沉劲、截劲等。惟初学推手，在四手中泰半缺挤一手。故推手盘圈不甚圆满，希学者加以注意焉。

按　劲

按乃以单手或双手按人身之谓也。按以顺步为得势，否则不易为也。按中有开合之意，并含有由前往后之一纵圆圈。如仅直按，既失效用，而反为人所制。至按之开合，须手足相应。前进后退，有升降之势。艺高者用按法，以起步为虚，落步为实。虚则为引，实则为发。按须用腰腿劲，加以意气，又须眼神注视，虚领顶劲。然亦不可去之太速，太速反易被人借劲。如能藉腰腿之前伸，手臂蠕蠕按出，人必觉累而受制矣。按时须顶悬身正，沉肩垂肘，含胸拔背，坐腰松胯，收住尾闾。上身勿前仆，仆则重心向前，易被捋出。故须谨慎。凡艺高者按人，大都在其真劲未发之前，即可使对方势背，自动倾仰跳跌。按之发劲中，亦分有长劲、截劲、沉劲等。尚望运用者随机而施之也。

采　劲

即以手执人手腕或肘部，往下沉采之谓也。其效用与捋略同。欲使敌人重心已向前时，而乘机更使其前仆。此采非用手，手采功效小。须用腰腿劲，加以意气。采如得势，能使对方头昏眼眩，连跟全身采起。跟起即可发之。惟采人不能采两边，因只采一边，可使对方重心偏于一方。否则反被其借劲而不失重心。夫采人不可采之过轻，轻则易为所借。故不采则已，采则必须采足，方为有效。采时宜已身中正，沉腰坐腿，含胸拔背，沉肩垂肘，气沉丹田，眼神下视。太极拳论所云"仰之则弥高，俯之则弥深"，即此谓也。十三势拳架中，海底针一势，即为采之用法。海底针后连以扇通背，是采后随发之意。

挒　劲

此劲在太极拳中不甚运用，故知者甚少。不如掤、捋、挤、按、采、靠等劲，为人所熟悉。然此劲实甚重要，学者不可不知。譬如己在倾仰势背之际，欲使转顺，即须运用此劲，他劲不能为也。挒劲用于捋或采之后。其用法：一手按住人臂，一手即用手背反挒人之领际，使人后仰倾跌。如己被人用野马分鬃，至势背后仰之时，即可用挒以转顺势。反借其势，使之后仰。此即艺高者所谓，吃何样还何样，彼欲使我仰跌，我即以仰跌还彼也。挒又分横挒、采挒等法。但均须用腰腿之劲，而不用手也。用时应注意与对方之距离，不可过远，远则无效。故当用身法步法，使之凑合，方为有效。此外尤须防己内门，否则弄巧成拙，反为乘隙而入矣。

肘　劲

手之击人（包括指掌拳腕）应有相当距离，太远固易犯手未到，而劲已断之疾；过近则势闭，而又不能发。故欲弥此缺点，在距离过近，用手不得势时，惟有用肘劲以助之。肘为人之二门，较手为短，发之得势，较手为猛。可直攻人之心窝，是为毒手。发时须与膝相合。用腰腿劲加以意气，而身体正直，虚领顶劲，含胸拔背，沉肩垂肘，尾闾收住。眼神注视对方，亦为主要条件。大捋中之肘，含于人捋己时，以肘还击之。推手中之肘，含于分开人手之时，一手执人手，一手用肘击其胸口。此劲属凶猛。然用不得其法，反为敌借势，故用时不可不注意之。

靠　劲

靠乃以肩靠人之胸口。其势又较肘更厉。用之于己身与敌距离更近之处，助肘之被闭而不能发劲时，靠时己身中正，肩与胯合。不可以肩硬撞敌身。须在己身与敌双方皮肤稍相接触之际，以腰腿劲，加以意气靠之。或上或下，随机而行。至于己之身法步法，尤应注意。顺步须插入敌之裆内，成丁字形，否则不能得势。靠在大捋中用之甚多，故学者极易明了。惟靠时应虚领顶劲，含胸拔背，尾闾中正。眼神注视对方，即对方已倒亦然。此外更须防护己之面部，及所靠之手臂。不然一有疏忽，则易为人击面，或撅臂之虞。故靠时另一手须护于靠之手臂肘弯处，以防不测。能靠则身瘦劲小者，亦可以攻力厚之人。因肩劲较手劲肘劲为大故也。

长　劲

即柔慢而伸长之劲。用之于手、臂、肘、肩、腰、胯、腿、足，或周身各部均可。在推手中，引拿人之际，将己劲渐渐伸长，发于敌身焦点之上。倘其后化至不能再化时，势必腾出。如遇敌劲阻挠，则己劲须绕曲前进。随其势，勿丢勿顶，有隙则进。斯种情形，若以线穿一九曲之珠，劲大线折，不能进。劲小遇阻，亦不能进。非随其曲弯势，以巧劲穿之不可。十三势行功心解内所谓，行气如九曲珠，无往不利一说，即此谓也。发时须沉肩垂肘，尾闾中正。用腰腿劲，加以意气。艺高者用长劲时，或先用截劲，参以长劲。或先用长劲，至敌将出未出时，补以截劲。先截后长，则对方先倒退，退至长劲完时复腾出。先长后截，则对方先腾出，后倒退，因先后所发之劲，咸蓄于敌身。先入后出，后入先出。譬如弹簧，旋之愈久，则弛之愈久；旋之甚暂，则弛亦甚暂，非弛至尽处不止。夫太极拳之奥妙，即在于此。故练习太极拳者，长劲不可不知也。

截　劲

一名刚劲。用之于手、臂、肘、肩、腰、胯、膝、腿、足，或周身各部均可。其运用全在引人落空。将知而不能变化之际，随即对其中心发之。故其势速而促。被击之人，跌势甚猛。发时应虚领顶劲，含胸拔背，沉肩垂肘，尾闾中正，敛气凝神。用腰腿劲，加以意气。眼神注视对方，即对方已倒亦然。此劲发出，有弧线形及直线形二种，随势应用。初学者欲用之得法，固非易事。

钻　劲

即入劲。用之以指或拳。其用于人皮肤相触之时，如钻之入木，旋转而入。此劲甚为勇猛，可以击伤人之内部。用时含胸拔背，沉肩垂肘，虚领顶劲，气沉丹田。全以意气发出。此劲亦可破人内功，如气功闭口功之类，确为太极拳中之专长劲。但用之地点不合，即易伤人。初学者可不必深究，以免伤人。故本篇亦从简而言。至于此劲之练法，及发人何处穴道，非经名师口授心传不可。

凌空劲

此劲异常奥妙，近乎神秘，而非目视者所能信。实乃一种精神上之作用而已。艺高者发此劲时，仅须口中一哈，对方即双足离地而后退。盖因被发者精神已为发者所吸引，无可抵抗。然被发者必须先明沾粘等劲，故一哈之后，即由感觉而后退。否则发者仍无效。此劲虽奥妙莫测，但学者可不必深求，仅作游戏观可耳。相传昔时杨健侯、少侯父子，能吸引烛火近尺。一手隔之，火光遂熄，即凌空劲中之一法。惟此功夫今已失传云。

以上为太极拳主要之劲。或粘、或走、或引、或化、或拿、或发。此外尚有拨劲、搓劲、撅劲、卷劲、寸劲、分劲、抖擞劲、折叠劲，及擦皮虚临劲等。种类甚多。因非必需，故从略。总之，功夫先开展，后练紧凑。紧凑得法，再研究尺寸分毫。由尺而寸、而分、而毫，达乎缜密，乃不动而变。至于用法，能懂、能化、能拿、能发后，太极拳中任何一势一式，或另一种散手法，或已至少林派拳中一著，均可参入应用。只须分清外门内门，上中下三部。得机得势，随意运用。不必拘于一式，或一法也。学者如欲求各劲之彻底了解，非由高艺名师口授心传不可。本编仅述其大要耳。

附录

恩师太极拳名家刘仲桥先生

刘仲桥先生生于1905年,卒于1983年,享年78岁。

原籍山东省章丘县(现名章丘市)。一生中从事过经商、办工厂、会计工作。抗战初期,为了逃避日寇,1938年迁到四川省成都市,开办弹花厂。此时,经友人介绍,认识了杨式太极拳名家——李雅轩先生。经李师同意,拜李雅轩先生为师,习练杨式太极拳术。由于时间允许,和李师朝夕相处,情同父子。李师口传身授,严肃认真,一丝不苟。据刘师讲,之前,他曾在西安跟一位姓宫的老师学习太极拳,在学推手中,很长时间,什么是掤、捋、挤、按,弄不清楚,跟李师学推手,掤、捋、挤、按,李师一说就清楚、明白,激发了学拳的积极性。在李师的指导下,无论早晨、晚上和白天,有时间就认真练。从拳架开始,继之刀、剑、杆和各种推手及散手等,循序渐进。经过数年的刻苦练习和用心钻研、揣摩,功夫日见精进,在师兄弟当中,刘师以成绩突出、悟性较好、功底深厚见长,成为李师喜爱的高足。

1956年全国武术比赛在北京举行,李雅轩老师是四川省特邀裁判,江苏省太极名家——吴某师也是特邀裁判,武术名家——济南市王兆林老师,是山东省特邀裁判,他们三位老师住在一个房间。王兆林老师回到济南后,星期天把刘仲桥老师和我叫到他家中，请我们演示推手。他看后说：我在北京看了李雅轩推手，真是厉害，功夫深厚。我们三人在房间内，我和吴师推手，不如吴师，李师和吴师推手，听李师一声哈，吴师就倒在床上，连续几次，都是如此。我问李师济南有个刘仲桥，是否您的徒弟，李师答：不但是我的徒弟，而且是我最好的徒弟。（以上是王老师原话）

近几年济南市有去成都的，见到练太极拳的朋友，一提起济南市刘仲桥老师，连未见过面的师兄弟和武术界的其他朋友，都很敬佩刘师的功夫。在上海、北京，刘师的知名度，至今也很高。

我跟随刘师学拳时，他常提起在成都的师兄弟有刘星桥、张义尚、周子能、吴声远，都是老师的爱徒，学拳都很认真，练拳也很刻苦。

山东在成都市和刘师同向李师学拳的有济南市张秀严（已故）、青岛市慕祖寿（已故）。

抗战胜利后，刘师回到济南市，在省、市体委关照下，除工作外，利用业余时间，早晨、晚上或星期天白天，在大明湖、趵突泉、五龙潭、城西门顺河街、齐鲁大学（山东大学前身）院内等地，传授杨式太极拳、刀、剑、大杆及各种推手（定步单推手、定步双推手、活步双推手、行步双推手、活步大捋推手、散手等）。刘师教拳认真，一丝不苟。刘师有关节炎，在教拳做金鸡独立时，刘师不顾膝关节疼痛，仍坚持做到位，深受弟子们敬佩。

刘师教拳，从不收费。在 1960 年生产救灾时期，家中有病人，花费多，收入又低，在最困难的时候，每逢过年过节，徒弟们凑几十元钱给他，他坚决不要，并说无功于君，受之有愧。

刘师择徒比较严格。在济南的弟子不多,我常接触的已故的有:李宗岱(山东章丘县)、芦恩三(山东济南北园)、王耀东(山东章丘县)、杨化青(山东济南)、王友三(山东济南)、王文生(山东济南)、王雨泉(山东济南)、信玉和(山东乐陵县)。健在的有:姚广文、邵金贵、张金镯、尹斌、刘焕斌、信玉水,他们对传播杨式太极拳技艺各自做出了贡献。

郝明之

杨式太极拳名师李雅轩先生在济南的传人

李雅轩

郝冠儒　刘仲桥　张秀严

（刘仲桥传人）

王友三　刘焕斌（女）　尹斌（女）　姚广文　芦恩三　王耀东　李宗岱　**郝明之**　杨化青　邵金贵　张金镯　王文生　王雨泉　信玉和　信玉水

（郝明之传人）

于学模	孙　义	李洪涛	谭富盛
吴　强	张怀友	乔　伟	李　峰
郝　林（女）	高广顺	孙新杰	张　莹
郝　磊	倪镇锡	王风文	张修洋
苏　永	崔国华	敬同泉	孙家平
张庆宝	王清宝	徐鲁安	齐俊海
李　斌	郭际鲁	杜广兴	崔　旗
杨国杰	韩　威	谭庆刚	赵忠良
劳国华	王宝军（女）	王　军	刘兴国

马叙德	刘丽艳（女）	寇智祥	张　健
王　伟	汤业春	康文广	邢维恭
赵卫义	张岳明	靳兆河	许开颜
张国良	赵　瑾	李秀华（女）	宋小一
李国治	戴利军	赵庆禄	席道友
江义蓉（女）	王洪龙	王　钰	王传讯
蒋玉培	赵学栋	孙济生	张　峰（女）
李　仁	左文民（女）	李永善	张铭建
孙家兴	戴建浦	孔利生	郭圣连
姜承德	邢　超	蔺永健	段希洪
司友声	李亚超	夏继忠	张宝山
王守为	刘志丹	曹庆顺	刘国明
鲁学明	尉常杰	何鸿琳（女）	梁青山
魏胜番	汤业光	王沛燕（女）	袁　军
田守泰	郝　晨	华　博	董炳义
聂鸿志	李　岩（女）	张学强	张　权
王保欣	霍孟兵	刘国强	汤业辉
平晓峰	董重来	周书新	贺　伟
喻肇济	杨迎晓	赵义海	董学彬
钟海燕	韩连潮	刘　阳	周　伟
刘翠兰（女）	宁述明	郭忠军	祝文庭
李方和	巫颐凯	于清花（女）	王大治
张云飞	王树林	王　亮	张俊鹏
刘建政	李　健	周克鹏	吴　军
惠国朝	宗　震	韩　涛	张亚洲
李秉良	张鹤华	李　伟	李　伦

黎照辉	陶　杰	庄永涛	赵金玲
陈　亮	王　葵	仉长虹	何恒元
宋丽虎	周　胜	樊祥钦	杨凤玲
殷　超	宋　永	杜　晓	陈　力
苏　岩	赵玉波	袁永文	高卫华
赵兴涛	孙希安	马延平	赵一平
江大建	胡韶红(女)	刘金萍	马德宝
王宁克	刘惠文(女)	张贵泉	孙文海
郁成义	朱仁奎	王　栋	苏爱玲
郝晓华(女)	赵　亮	朱继震	唐庆华
张名川	岳　森	张维国	张鲁兵
胥　明	杨树强	王振祥	姜鸣广
郭志东	朱海伦	殷宝江	徐文慧
崔瑞霞(女)	秦国谊	张克群	张双全
刘　锐	刘建民	陈　辉	刘　伟
王建夫	赵　瑞	孟　涛	林书元
金　地	李　文	王　刚	陈菊荣
刘其波	成方顺	徐先领	周文华
王建春	史继春	贾廷义	许鸿斌
崔晓红(女)	祖传军	杨洪斗	袁瑞喜
张　燕(女)	丁景奎	付　军	王兆杰
周　波	段作民	王嘉岳	张顺泰
胡振源	胡安源	王德玉	贺　军
孙吉安	庄咏强	刘　敏	杨　凯
朱建华	张　宏	张　勇	周玉红
马存延	周　波	荆常俊	栗建清

沈河涛	马裕敏	李　濛	马玉彪
乔时松	孙卫东	田　亮	王晓燕
刘军红	黄　伟	周剑波	李　昊
亓云鹏	黄　英	吕　鑫	翟艳超
程守岭	刘　倩	姚亚威	徐文杰
张家琛	郭　华	韩　明	李素文
李鹤亭	邱爱萍	李惠文	吕可平
马福义	马　站	王建红	卢保树
郭茂富	宋　毅	孟令军	胡金生
阮绍文	王守鸿	徐德善	郭　震
郭良玉	焦凡根	路全明	高亚利
梁　勇	王闻波	都桂江	李　伟
阚功俭	盖　斌	谢济越	温江鸿
刘福清	王　钢	俞建昌	杨庆太
杨宏民	何益山	张桂风	
刘兴军	李永前	孟祥吉	

后　记

中国太极拳历史悠久，有文字记载的就有几百年的历史。经过数代人的研究、摹练，形成了多种流派的完整的、有条理的、系统的拳架。尤其是杨式太极拳大架，动作舒展优美、大开大展、大松、大柔、大软，练起来如行云流水、连绵不断，对人的气血流通、强身健体、防疾去病大有益处。

中国太极拳，是中国独有的、宝贵的文化遗产，也是当代先进文化组成内容。它是中华民族对人类的重大贡献。它是一种很深奥的武术，既能健身强体，又能防身御敌，还能起到医疗保健作用。虽经数代人钻研、摹练，技艺提高，造福人类，但是我们现在不去挖掘整理，钻研提高，大力推广，仍将有失传的危险。也可能在传承中，只注重外形，甚至只追求造型美，而丢掉了最为宝贵的内涵，而流于一般的太极操、太极舞。

我跟随刘师练拳 20 余年，得到刘师口传身授。在 50 余年的演练中，反复体会、摹仿，我每次练拳时，都想着刘师的演练风格，好似刘师就在眼前，时刻想着他的动作、身形，对我练好拳有很大帮助。

经过近十年的努力，在众人帮助之下，我终于把我演练的全套拳架制成图片，配以动作说明以及体会，整理成书（并附有推手、器械的简明文字和图片），供拳界朋友参考。在整理过程中，由于本人文化所限，学得不精，领会不深，难免有些偏差，请批评指教。

此书也是我缅怀恩师、继承恩师遗愿的具体行动。

本书初稿形成之后，经过邵金贵、王守为、吴强、郝林、郭际鲁、郝磊、贺伟，反复讨论，数次修改，审阅后打印成册。

在成书中，钟海燕、敬同铨、张莹、谭富盛、郝磊、赵学栋、吴强、王军、蔺永建不顾疲劳，反复拍摄、剪辑、打印，做了大量工作，在此我向参与这项工作的同志致谢。

郝明之（逢源）

图书在版编目(CIP)数据

杨式太极拳/郝明之主编．—济南:齐鲁书社，2009.4（2025.11重印）

ISBN 978-7-5333-2188-8

Ⅰ．杨…　Ⅱ．郝…　Ⅲ．太极拳—套路(武术)—图解

Ⅳ．G852.111.9-64

中国版本图书馆CIP数据核字(2009)第045237号

杨式太极拳

郝明之　主　编

吴　强
郝　磊　副主编

出版发行	齊魯書社
社　　址	济南市市中区舜耕路517号
邮　　编	250003
网　　址	www.qlss.cn
电子邮箱	qilupress@126.com
营销中心	(0531)82098521　82098519
印　　刷	山东新华印务有限公司
开　　本	850mm×1168mm　1/32
印　　张	13.5
插　　页	4
字　　数	300千字
版　　次	2009年4月第1版
印　　次	2025年11月第6次印刷
标准书号	ISBN 978-7-5333-2188-8
定　　价	38.00元